「今すぐ」やれば幸運体質！

すべてが一気に好転しはじめる
「たったひとつの習慣」

高嶋 美里
Misato Takashima

同文舘出版

はじめに

あなたはふだん、自分は何となくついていないし運が悪い。その結果、人より損をしている、と思うことはないでしょうか？

副業に関するコンサルティングをしていると、このような方は大勢いらっしゃいます。

しかし、よくよく話をお聞きしてみると、実はたくさんのラッキーに気づかず、見逃しているだけなのです。

そこで私が、「これって、ものすごいチャンスじゃないですか？　これを使って、こうやってああやって」と、こちらのほうが興奮して話しはじめると、ほとんどの方は、最初はきょとんとしていますが、やがて世紀の大発見でもしたかのように、膝を打って「なるほど！　何で、今まで気づかなかったんだろう」とおっしゃるのです。

「実は、自分は幸運だった」ということに、初めて気づく瞬間です。

彼らは、不運なのではなく、幸運に気づく習慣がなかっただけなのです。

では、どうしたらチャンスにいち早く気づくことができるようになるのでしょうか。

その秘密を、本書ですべて明かしました。

ほんの少しだけ考え方や行動を変えるだけで、運が悪いどころか、ものすごく幸運という人は大勢いらっしゃいます。

そして、どんな人でも幸運になることは可能です。そのことを、今まで誰も教えてくれなかったので、気づいていないだけなのです。

ほんの一握りの、選ばれた幸運な人と、自分も含めたその他大勢の人たち――あなたは、このように感じてはいないでしょうか？

大女優やプロ野球選手になれる人と、私たち一般人は、別世界に生きる人間だと思っていませんか？

しかし、そうではないのです。

私たちは、今からだって強く望みさえすれば、何にだってなれるのです。

日常的に、誰でもできる簡単な習慣を身につけることで、今日からすぐに「幸運体質」に変わることができるのです。

そのことを、ぜひ多くの方に知っていただき、幸せな人が増えてくれるといいな、と思います。

私のプロフィールをご覧になって、資格もコネも資金も何も持たない双子育児中の主婦が、５年間継続的に、自宅で「億」単位のお金を稼いでいることに対して、幸運というよりむしろ、何かダークなイメージを持たれるかもしれません。

しかし、私が現在の収入や立場を得られるようになった理由は、宝くじが当たったわけでも投資が成功したわけでもなく、本当に小さな小さな日々の幸運が積み重なった結果なのです。

それらが、〝わらしべ長者〟のように順々にふくらんでいった結果、現在に至っているのです。つまり、誰にでも再現可能なことなのです。

私がやってきたことは実にシンプルで、ただ単に、一つひとつの行動を、「今すぐやる！」ということを繰り返してきただけに過ぎません。

思い立ったときがワンタイムチャンス。

先延ばしにしたら、もうチャンスは巡って来ない。

思いついたことは、とりあえず何でもすぐにやってみる。

これを繰り返していると、ある日突然、**〝とてつもない幸運〟が舞い込むようになります。**

「資格試験に受かったら、就職先を探そう」

「やせたら、シャネルのスーツを買おう」

「お金ができたら、海外旅行をしよう」

と、自分に条件をつけると、いつまでたってもその状態にはなりません。

しかし、

「今すぐ就職先を探して、それに見合う資格を取ろう」

「今すぐシャネルのスーツを買って、スーツが似合う自分になろう」

「今すぐ海外旅行に行くために、ありったけの金策を練ろう」

と考えるようにすると、自然に小さな幸運が舞い込む幸運体質が作れるのです。


「思い立ったら今すぐやる」


たったそれだけのことで、たくさんの幸運がやって来ることを、私だけでなく私のスクールの生徒さんたちも実証してくれました。

あなたにも必ずできます。

あなたの夢は何ですか?

本書を「今すぐ」読んで、その夢を実現できる、〝幸運体質なあなた〟に生まれ変わってください。

「今すぐ」やれば幸運体質！

すべてが一気に好転しはじめる「たったひとつの習慣」

contents

3章 毎日の積み重ねで幸運体質になる

4章 幸運体質になるための7つのポイント

contents

8章　刷り込まれた「他人の価値観」をリセットしよう

カバー・本文デザイン／ホリウチミホ（ニクスインク）

1章

プチ意識改革で幸運体質になる

3ヶ月間で360万円を稼いだ話

私の双子の子どもが2歳のとき、私はそれまでしていた在宅のウェブデザイナーの仕事さえできなくなるほど、育児に追われていました。

普通ならもう、他に何もできないと思ってしまうような過酷な状況でした。というのも、双子の1人が心臓病で、夜中も2時間おきに投薬が必要だったからです。親からは、結婚を反対されて勘当されていたし、夫は研修医で家に帰ってきません。初めての出産で右も左もわからず、赤ちゃんに触るのも怖々というありさまでした。

しかも、心臓病の手術費は億単位と言われています。乳幼児のうちは医療費は無料ですが、いつ治るのか、いつ高額な手術が必要になるのか、何もわからず手探りの状態でした。

せめて、手術費がいつ必要になっても大丈夫なように、育児中であっても、可能なかぎりお金を稼いでおこう、と考えていました。

そのため、授乳をしながらでも、「今の私にできることは何だろう?」と常に模索していました。

「目の前にあって、今できることを取りこぼしなく実行する」というのが私の信条です。

目の前にあって、今できることを取りこぼしなく実行していると、とてつもなく大きかった目標に、ある日突然ものすごいスピードで接近しはじめます。自分でもわけがわからないうちに、成功に向かって突き動かされていくのです。

だから、「目の前にあって、今できること」をする習慣を身につけるだけで、誰でも「幸運体質」になることができます。「まあ、いいや」と後回しにするのをやめて、できることは全部やってしまう。もしできることがなくなったら、無理に探してでもやるのです。

双子の育児中だった私にとって、しかも1人は心臓病で、通院と1日に8回の投薬が必要という状況で、目の前にあって今すぐできることは、インターネットを使った情報収集だけでした。

平均睡眠時間1時間半で、難病指定された赤ちゃんを育てるという精神的ストレスの中で、頭はいつも霞がかかったような朦朧とした状態でしたが、そこから逃げようとは思いませんでした。

出産前にしていたウェブデザイナーとしての在宅収入は、月200万円から、10分の1の20万円以下に落ちていました。フリーのウェブデザイナーの収入は出来高制ですから、新規案件が取れなければ収入は激減します。

そのわずかに残った20万円の仕事も、子どもをだっこしながら寝かしつけて、立ったままやっていました。さらに、その仕事の合間に、他に今できることを探すための情報収集をしていたのです。

最初に見つけたのは、「ヤフーオークション」でした。不用品を売って発送する——これなら、夫に発送さえ頼めば、何とかできそうでした。

と思った瞬間、私は「すぐ」に出品をはじめていました。**「思った瞬間に行動しはじめる」**——これは無謀なようですが、幸運を引き寄せるのに、もっとも効果的な方法です。

乳幼児のときに使っていて、もう使わなくなった育児用品、予備校の講師時代に参考にしていた受験参考書、イギリスで買ってきたアンティークの置物等、目につくものは、手当たりしだいに写真を撮って出品しました。

どうやるのかなんて、考えている暇はありません。わずかでも子どもが眠ったとき、「すぐ」にやらなければ時間がなくなってしまうため、細切れの時間ができると、「すぐ」に写真を撮ったり出品をしていました。わからないことが出てきたら後回しにして、できることを先に進めるのです。

その結果、双子育児中の片手間でありながら、3ヶ月間で360万円を稼ぐことができました。何かしようと思わなければ、ただのゴミになっていた不用品が、たった3ヶ月で360万円という現金になったのです。

双子の育児が終ったら仕事に復帰しようとか、育児中に資格を取って準備をしようとか、そういう発想をしていたら得られなかったお金です。

また、「子育て中は赤ちゃんだけに集中すべきだ」、といった固定概念を持っていたらできなかったことです。

何でも、「こうでなければならない」と決めつけず、**「即決即行で、とりあえず思いついたら何でもやってみる」ことが、幸運体質になるためには重要**です。

そして、「とりあえずやってみる」ことは、誰にでも簡単にできるのです。

あなたも今すぐ、思いついたことを行動に移してみませんか？　そうすればきっと、もっと素敵な次の選択肢が現われるはずです。

今すぐやったら、半年で月収100万円

このように、何気なくヤフオク（ヤフーオークション）をはじめたお陰で、次の道が開けることになりました。

ここで偶然に見つけた、『本当の人生』という中身のわからない商品を、260万円で落札してしまったのです。260円ではないですよ。

「本当の人生」って何だろう？　なぜ中身が曖昧なんだろう？　こんなに高いのは、どんな理由からだろう？　買っている人たちの評価が異常に高いのはなぜなのだろう？　といった好奇心に、私は勝つことはできませんでした。どうしても、それが何なのかが知りたかったのです。

不用品が360万円で売れたので、それがなかったと思えば、マイナスにはなりません。

この行動が1年後、私に2億円という幸運をもたらすきっかけとなりました。

その商品を実際に落札してみると、そこには「モバイル市場が熱いから、携帯アフィリエ

イトをやって年収1000万円を稼ぎ、その後、海外のファンドへの投資で3億まで増やして、遊んで暮らしましょう」という趣旨のことが書かれていました。

携帯アフィリエイトなんて初めて聞く言葉だし、具体的なやり方も書かれていません。私には、何もかもが未知の世界でしたが、だからこそ興味を抱き、**携帯アフィリエイトに「すぐに」チャレンジした**のです。

他の購入者の方は、詐欺だと思って返金請求の裁判を起こしたと、後になって知りましたが、私はその日のうちに、双子をベビーカーに乗せて携帯電話を買いに行ったのです。そして、携帯サイトとはどういうものなのか、調べまくりました。後で請求書を見たら、何とパケット代が3日で27万円になっていました。

携帯を購入するとき、パケット定額制は日割りできないため、「今月はあと3日しかないから来月からにしておきますね」と店の人に言われたのですが、「すぐに」使いたかったため、その月からの契約にしました。

おかげで、27万円は支払わずにすんでホッとしました。**何でも、後回しにしないほうが得**なのです。

3日間携帯サイトを見まくったおかげで、だいたい感覚がつかめたので、双子を夫の実家に預けて、私は携帯サイトを作りはじめました。

もちろん、初めて作るわけですから、そんなに上手にできるはずがありません。しかし、できばえよりも、子どもを預かってもらえるタイムリミットが5日間なので、その間にどれだけたくさん作業ができるか、という時間との戦いでした。

一心不乱に5日間、携帯サイトを作り続け、わからなくなると他のサイトを隈なく調べて真似をするということを繰り返しました。

これが、どうやって収入につながるのか、その時点ではまだ理解できていませんでしたが、新しい世界にワクワクして、とても楽しかったことを覚えています。

そうこうしているうちに、他のサイトで何度も同じバナー広告を見かけることに気づきはじめました。あっちこっちクリックして飛ぶうちに、広告の掲載方法がわかってきたので、着うたの広告を貼って、自分でクリックしてみました。

広告の管理画面でクリックが反映されているかどうかを確認すると、何と、もうすでに380円の成約がありました。

「これはすごい！」と、がぜんやる気になって、5日間がむしゃらに携帯サイトを作り続けました。

双子を迎えに行ったら、まとまった時間が取れなくなるため、数ヶ月先の分までサイトを更新するための材料を作り置きしておいて、後は細切れの時間で運営できるように仕上げたおかげで、その月は8万円の報酬が入りました。

先のことだからいいや、と思っていたら、絶対に得られなかった結果です。

そして、夜中に更新を続けたり、他のサイトを見てどんどんサイトに手を加えていくうちに、報酬は半年後には月100万円になっていました。

1　すぐに携帯を買いに行って
2　すぐに子どもを預けて
3　すぐに携帯サイトを作った

私がやったことは、たったこれだけです。これだけで、双子を育てながら、在宅月収100万円になったのです。

主婦が自宅で2億円稼ぐことができたわけ

携帯アフィリエイトに出会って、**半年で年収1000万円ベースに乗せ、1年後には、何と在宅で2億円も稼いでいました。**

即断即行。すべて、「今すぐやる」を繰り返しただけの結果です。初期投資の260万円も半年で回収し、1年間で「億」という結果を得たのです。

なぜ、双子を育てながらそれができたのか？

特別なことは何もしていません。自分の可能性を否定せず、むしろできると信じて、**「目の前にあって、今できること」を、「今すぐ」やった**、ただそれだけのことです。

さらに、それを自分だけの利益として留めず、大勢の人に教えることで、利益は倍増しました。

自宅で収入が得られる可能性を心から信じていた私は、育児中で働けない人、虚弱で仕事に就けない人たちにも、このすばらしい方法を教えてあげたかったのです。

親身になって教えた結果は、お金として返ってきました。人にしてあげたことは、必ず自分に返ってくるものなのです。

携帯アフィリエイトには、参入障壁がほとんどありません。誰でも、ほんの少し努力するだけで簡単にできることばかりです。

私が、心の底から誰にでもできると信じたお陰で、私が教えた1000人の生徒たちの在宅副業月収の合計は、何と1億円になりました。それも、1回きりではなく、毎月毎月1億円です。これは感動的な数値です。

しかし、一足飛びにそうなったわけでありません。

最初は、メールマガジンで携帯アフィリエイトのやり方を無償で教えていたのですが、パソコンスキルが低いために、結果が出せない人が多数いることがわかりました。

何とか、どんな初心者でも稼げるようにしてあげられないものか、と試行錯誤しました。そうするうちに、ツールやプログラムにノウハウを落とし込んで、誰でも使えるようにすることを思いつき、オンラインの塾という形式で、手取り足取りサポートしたのです。

すると、上位2割しか実践しないと言われている通信教育の世界で、何と8割の人が結果を出すことができました。受講料の元が取れる習い事なんて、他にありません。「これはすごい！」と思って、教えながらどんどん「今すぐできる」ことをカリキュラムに追加していくと、結果を出す受講生が増えはじめました。

開講から2年後、広告代理店から得たデータで、1000人の塾生の合計月額報酬が1億円、つまり1人あたりの平均月収が10万円になっていたことがわかりました。心から、「がんばってよかった！」と思いました。

家にいながらにして、今の収入に後10万円がプラスされたら、どんな未来が待っているでしょう？

しかも、塾生の12％は月に100万円以上の報酬を得るようになった結果、会社を辞めたり法人化しています。

こうした仕組みが作れたのは、こうやってみたらどうか、ああしてみよう、などと思いついたことをすぐに実行に移し、ダメだったことはすぐに改善していったからです。

その見返りが、2億円の報酬となって返ってきたにすぎません。つまり、必然なのです。自分の可能性を信じて、今すぐ圧倒的な量の行動をこなし、人のために尽くす。これが、私に2億円という幸運を引き寄せた〝からくり〟だったのです。

思えば、すべてが偶然のなりゆきのようでいて、実は密接につながっていたのです。双子を産まなければ、ヤフオクをすることはなかったでしょう。

ヤフオクをしなければ、『本当の人生』という商品に目が止まることもなかったはずだし、たとえもし目が止まったとしても、直前に不用品が360万円で売れていなければ、そう気軽に260万円もの商品を落札することはできなかったでしょう。

また、たとえ情報を知ったとしても、ウェブデザイナーをしていなければ、すぐに携帯サイトなど作れなかったかもしれません。

それもすべて、「今すぐやる」を実行したお陰だし、どれかひとつでも行動を先延ばしにしていたら、得られなかった結果なのです。

小さな行動を一つひとつ「今すぐやる」だけで、億というお金が自宅にいながら得られるなら、悪い話ではないと思いませんか？

「どうせ無理」から、「だめ元で、今すぐ試しにやってみよう」という、前向きなプチ意識改革をしてみませんか？　何気ない意識の改革が、あなたに大きな幸運をもたらしてくれるはずです。

なりたい自分を知れば、自然に幸運に近づく

私たちの多くは、どんな人間になりたいのか、どんな暮らしをしたいのか、何をしているときが一番幸せなのかを、きちんと把握していません。

私は、「どんな自分になりたいのか」を知ることが、幸運を引き寄せるカギだと確信しています。

私は定期的に、ライフプランセミナーをしていますが、「あなたは将来、どうなりたいですか？」「どんなときが、一番幸せですか？」「あなたは20年後、自分がどうなっているか想像できますか？」と聞いても、答えられる人はほんの少数です。

あの手この手で相手の内面を引き出そうとしても、セミナーに参加するのが初めての方は、ほとんど何も出てこないのです。

妄想や夢を、15分で１００個書くワークをすると、初めての方は、平均３個程度しか書けません。しかも、その内容はみなさんほぼ同じです。

お金がほしい
海外旅行に行きたい
結婚したい、モテるようになりたい、彼女がほしい

など、だいたいこの3つです。

ところが、「どうして、お金がほしいの？」「いくらほしいの？」「それがあったら、どう変わるの？」と質問すると、またもや何も答えられません。

「海外って、どこに行きたいの？」「いつ頃、誰と行きたいの？」と聞いても同様です。

唯一、恋愛系の望みだけは、「年収800万円以上なら、他は普通でいいです」「かわいくて優しい子」「料理上手で、子育てしてくれる夫がほしい」など、比較的明確に答えられる人が多いのは、それだけ悩みが深刻だということでしょうか。

では、なぜ「お金がほしい」とか「海外旅行に行きたい」という望みに対しては、明確に答えられないのでしょうか？

それは、「聞かれるまで、たいして望んでいなかった」からです。

どうしてそれがほしいのか、どれくらいほしいのか、いつほしいのか、が答えられない状

態では、ほしいものが天から降ってくるはずがありません。

どうなりたい、どうしたい、何のために何がほしい、と明確に自覚することによって、その夢が叶うのです。そして、願ったことが叶うことを「幸運」と言います。つまり、**「どうなりたいかを自覚すると幸運になる」**という図式が見えてきます。

では、自覚するとなぜ幸運になるかというと、無意識にそれを達成しようとする機能が働くようになるからです。

みなさんは、あることを意識しはじめると、そればかりが目に入ってくるということはないでしょうか？

たとえば、アルファード（トヨタの車）を買おうとしていたとき、やたらとアルファードが街を走っているのが目につきます。しかし、本当の数を調べれば、ＶＯＸＹのほうがずっと売れています。それなのに、ＶＯＸＹは1台も目に入ってこないのです。

最初は、自分自身の望みを意識すること。その次に、それをいつも心に留めておいて、目にする機会を増やす。そうすると、望みに関連した良質な情報をキャッチしやすくなります。

ただ、漠然と「海外旅行に行きたい」と思っているだけでは何も起こりませんが、「ベルサイユ宮殿に行きたい」と思っていると、たまたまつけたテレビでベルサイユ宮殿の情報を放送していたりします。

これは、魔法でも何でもなく、ふだんだったら気づかないことに気がつけるようになる、というだけのことなのです。

そして、その番組の最後に、思いもよらない格安ツアーの宣伝をしていたとします。あなたは、「これなら行けるかも！」と心躍らせて、スケジュールを調整するようになります。そうすると、本当に行けることになるわけです。

望みを叶えることとは、実はこんなに簡単なからくりなのです。

私も、自分で家を建てる、年に一度は海外旅行する、とずっと言い続けていたのですが、友人は「馬鹿じゃない？」「無理に決まってるじゃない」という反応でした。

でも、自分で家を4回も建てたし、海外にも年に一度どころか、3ヶ月に一度は行けるようになりました。

自分の望みを具体的に意識していたからこそ、その通りになったのです。

優先順位を決めて幸運体質になる

「目の前にあって、今できることをやり尽くす」――これが大事なのはわかるが行動に移せない、という方がいます。それは考えすぎの人です。

目の前にあって今できることとは、いったいどんなことなのか。単に、興味や関心が赴くままでいいのか、それとも取捨選択が必要なのか。迷っていたのでは何もできません。

迷わないようにするための選択基準が、「自分がどうなりたいのか」による優先順位決めです。

私の場合は、「自分の自由になる家がほしい」という明確な目標があったため、自力でお金を稼ぎ出す必要がありました。

大学卒業後、私は夢の実現のために、就職をせずに時給の高い予備校の数学講師をしていました。

そこでは、定期的に生徒の母親と面談する機会があり、勉強以外にも、お母さんご自身の人生相談のようなこともしていました。

そんなある日、よく相談を受けていたお母さんの紹介で、週に1回2時間、人生相談の窓口を受け持つことになりました。

「先生に話を聞いてもらうと、すごく前向きな気持ちになって物事がうまくいくから」とおっしゃってご紹介くださったのです。

カウンセラーの資格があるわけでもない私が、そこで反抗期の子どもの相談、進路相談、離婚相談、経済相談、借金の相談、鬱病の相談まで、何でもお聞きして、自分にできる範囲で、一緒になって解決策を考えました。

その結果、2時間で3万円の報酬をいただくことができ、本業の予備校講師以外に、月に12万円の副収入を得ることができました。それはなかったはずのお金ですから、全額を家の頭金のために貯金しました。それだけ、夢の実現に近づいたわけです。

もし、自分は数学の講師だから私的な相談は受けられないと断われば、こんな話は来なかったことでしょう。

もし、資格もないのにそんなことはできないと思ったら、話が来てもチャンスは逃していたはずです。


目の前にあって、今自分にできることをせいいっぱい即断即決でやり続け、チャンスは

すべて無駄にしないという姿勢がなかったら、得られなかった仕事です。

その他にも、カルチャーセンターの講師や数学とは何の関係もない講演など、夢の実現のためにプラスになるお仕事を、多くの方からご紹介いただきました。

こうした、小さな依頼をすべて受けてきたため、経験値も上がって収入もアップし、26歳で一戸建ての注文住宅を建築することができました。そして、わずか3年で、住宅ローンも完済することができました。

その後も、家を4回購入したのですが、いったい何をするとそんなにお金が貯まるの？とよく聞かれます。しかし、私がやってきたことは、**目の前にあるどんな仕事にも、猛スピードで全力で取り組む**という、誰にでもできることだけでした。

目的を明確にし、優先順位を決めて人の3倍のスピードで、目の前にあって今できることを淡々とこなすだけで、簡単にお金は集まりはじめるのです。

もっと切実だったのは、子どもが先天性心臓疾患だとわかったときです。もし、お金がつくれなくて手術ができなければ子どもは死んでしまいますから、億単位のお金を稼ぐことが、私の最優先事項になりました。そして、3年後に私は億単位のお金を手にしていました。

より切実な望みを、最優先事項として意識してみましょう。望みを意識するだけで、そのために今何をすればいいのか、自然に選択できるようになります。

2章

行動を変えて
幸運を引き寄せる

せっかちが幸運を引き寄せる

私は、たいへんなせっかちな性格です。そのため、世間一般の人とはテンポが合わないことが多々あります。私のまわりの、成功して社長になっている人たちも、同じようにみなさんせっかちです。

そのため今では、**「せっかちは成功の秘訣なのだ」**と確信するようになりました。

たとえば、今までで一番「せっかちがラッキーを運んだ」と思ったことは、ウェブデザイナーになろうと決めたばかりの頃のエピソードです。

私がウェブデザイナーになろうと思ったのは、友人のお姉さんが、在宅でウェブデザイナーをして稼いでいると聞いたことがきっかけでした。友人もまた、イラストレーターとして自宅で働きながら自由に生きていました。

私自身もそんな生き方が理想だったため、すぐさまウェブデザイナーの仕事に興味を持ちました。

一度興味を持ったら、もう誰も私を止めることはできません。どうすればウェブデザイナーになれるのか、を人に聞きまくり、調べまくりました。

普通は、ウェブ制作会社に就職してから独立して、そこから仕事をもらうというのが、フリーウェブデザイナーの常道で、いきなりの開業は無理だと言われました。しかし、私はそこで諦めず、すぐにウェブデザイナーになるための行動を起こしはじめたのです。

まずは、見よう見真似で営業用のウェブサイトを立ち上げ、インターネット検索で、素人っぽいホームページしかない店や会社に営業メールを出していきました。もちろん、同時進行で、サンプルサイトをどんどん作っていきました。

そして、仕事を紹介してくれる掲示板や登録団体に片っ端から登録していったのです。少なくとも、100通以上は営業メールを出したし、登録をしました。

このように話すと、それは何ヶ月くらいかかったんですか？　などと聞かれますが、友人に聞いてからサンプルサイトができ上がるまでは、たった1日の出来事でした。

このスピード感を身につけてしまえば、怖いものなしです。そしてこれは、訓練しだいで誰にでも身につけることが可能です。

人は元々飽きっぽいため、興味を持ったときにたたみかけるように行動しないと生産性が落ちてしまうのです。「鉄は熱いうちに打て」ということです。

しかし次の日も、そのまた次の日も、私が送った営業メールに返信はありませんでした。あっても、「実績を見せてください」というものばかりでした。

「実績がないとダメだ」と気づいた私は、架空の美容室のサイトを作ることにしました。そんな美容室は存在しないのですが、要は実績に見えればいいわけです。

そして、登録したエージェントのすべての登録情報を変更していきました。これもまた、1日での話です。

いくつか実績となるサイトを作ってから、エージェントに登録したほうが効率的に思えるかもしれません。しかし、今この瞬間に仕事を依頼する先を探しているエージェントがあったら、チャンスを逃すことになります。

このような理由から、**普通の人の10倍速で動いて、あえて無駄と思われる作業を端折らないことが、幸運体質になるためには必要不可欠**なのです。

そうこうしているうちに、数ヶ月後にチャンスは突然やってきました。あるエージェントから、ＮＴＴ西日本のキャンペーンサイトの案件がメールボックスに流れてきたのです。そのようなメールが来たのは初めてでした。

後から聞いたところ、実績のない人には依頼メールは送らないとのことでした。実績ＵＲＬをこまめに記入しておいたお陰で、依頼メールが間違って届いてしまったというわけです。

そのサイトは、地図の絵をクリックすると電話料金が算出されるというページの案件でした。私はもともと数学科でしたが、プログラムは大学の実習でやった程度でした。

でも、試しに丸い絵を描いて3分割し、各地点をクリックしたときに料金が算出されるスクリプトを作成し、「こんな感じでしたら、すぐにできます」というメールを出しました。

すると、すぐにエージェントの担当者から電話がかかってきました。「猛スピードでやらなければならない案件で、今までデザイナーはたくさんいたが、プログラム系ができるデザイナーがいなくて困りはてていた」というお話でした。

「何てラッキー！　たぶん、私の学歴を見て、プログラムがバリバリできると勘違いしてくれたに違いない。このチャンスは、何が何でも手に入れないと！」と思って、かなり気合が入ったことを覚えています。

先方からは、3日間で作ってほしいと言われたので、「もちろんできます！」と答え、電話を切ってから3日間、完全徹夜でキャンペーンサイトを仕上げました。

デザイン的には、あまりいい出来栄えとは言えませんでしたが、プログラムはよくできていたと思います。エージェントの担当者も、本当にほっとした様子で喜んでくれました。

せっかちになって、できる可能性があることを今すぐやれば、さらにできることが3倍に増えます。**人の3倍行動すれば、幸運は30倍の確率でやって来る**はずです。

好奇心が幸運を引き寄せる

なぜ、好奇心が幸運を引き寄せるのか。それは、好奇心が「今すぐ」行動するための原動力となるからです。

どんなにすばらしいアイデアも、どんな莫大な資金も、どんなに価値のある資材も、それを使う人が行動を起こさなければ、まったくの無意味です。つまり、**幸運な結果を招くためには、行動することが必要不可欠**なのです。

しかし、やるべきことがわかっていても、「嫌だなあ。やりたくないなあ。やらなければならないのはわかってるんだけど……」という状態では、行動に移すことはできません。

ところが、興味津々でやりたくて仕方がないことは、誰にも何も言われなくてもやるはずです。きちんとやるどころか、誰に言われたわけでもないのに、妙に早起きしたり、いつも眠くて仕方がないのに、気づいたら朝だった、ということもあります。

つまり、「今すぐできる人」が鉄人的な意思の持ち主なのではなく、興味関心のあることがたくさんあるから、次々にやっているだけなのです。

興味関心のあることが多いため、急いでやってしまわないと間に合いません。そのため、好奇心の強い人は「すぐやる」習慣が身につきます。そして、「好奇心が湧いたことを今すぐやる」だけで、どんどん幸運体質になっていくのです。逆に、**何をやっても続かない人は、動機づけが弱い**と言えるでしょう。

つまり、お金はほしいし楽もしたいと思っているものの、そのために努力をしたいというほどではない、ということです。

自分が、どんなことに興味を持つのか、あらためて考えてみてください。

そして、資格を取る、お金を稼ぐ、海外旅行をするなどの目的の前に、なぜ資格を取りたいのか、なぜお金を稼ぎたいのか、なぜ海外旅行をしたいのか、資格を取ったりお金を稼ぐとどんな自分になれるのか、そして、それは自分にとってどれくらい重要で幸せなことなのかをまずはっきりと自覚しましょう。そうすることで、好奇心が生まれやすくなります。

「何で？　何で？」と知りたがる自分になったら、今まで気づかなかったチャンスが山ほど飛び込んでくるようになって、人生が急激に開けていくはずです。

これぞ、**幸運体質の極意**と言えるでしょう。

「できる！」と思うだけで幸運を引き寄せる

前述した、ウェブデザイナー時代の最初の仕事でＮＴＴの案件が取れたとき、私は「３日でできます！」と即答してチャンスを手に入れました。

これと同じような経験は何度もしていますが、なかでもとくに印象に残っているのは、区の施設でＮＰＯ法人が企画したパソコン教室の講師の話が舞い込んできたときのことです。

昔から私は、何につながるかわからなくても、**あらゆるところに種まきをする**ようにしています。種をまかなければ芽は出ないからです。

結婚当初、２年間住んでいた家が墨田区の下町にあり、立派な箱モノと言われる公共施設がたくさんありました。区報が定期的にポストに入っていて、見ると安価でさまざまな講座が開催されていました。

講座を受講したいという興味より先に、こういう講座の講師にはどうやってなるんだろう？　ということのほうが私の関心事だったのです。

そこで、すぐに電話で問い合わせをしてみたり、区役所の出張所や文化センターに行って調べてみると、区の人材登録制度がありました。何かの足しになるかもしれないと思い、その場で「すぐに」人材登録をすることにしました。

もちろん、就職のためではありません。当時の本業だった予備校は夜しか仕事がなく、昼間は暇だったし、フリーで収入を得続けていくためには、常に新しい収入の入口を複数持っておく必要があったからです。

そこで、いくつか自分にできそうな項目に○をつけて、人材登録をしてみたのです。

このような行動を、労を惜しまずすべて拾い上げていくことで、幸運が舞い込んでくる道筋をふだんからたくさん作っておくわけです。

人材登録をしたとき、私はちょうど、ポプリ講師認定資格が取れる講座に通っていました。

10回で16万円の受講料が払える人たちなので、受講生は50代以上の裕福な主婦が多く、20代は誰もいませんでした。

この講座に行こうと思ったのは、講師資格を取りたかったからではありませんが、卒業すれば講師資格が取れるとわかっていたため、人材登録時にはできることとして、ポプリも書いておきました。

すると、登録してすぐにポプリ講師の依頼がいくつか来ました。1回に3～5万円の報酬が得られます。つまり、週1回仕事が来れば、月の収入は12～20万円アップするのです。反応と手ごたえを感じた私は、すぐに他のカルチャー系のスキルも次々に習得して、そのつど登録していきました。

そうこうしているうちに、区を通じてパソコン教室講師の依頼がありました。パソコンが使えるとは書いていなかったのですが、私の学歴が理工学部数学科卒だったため、当然パソコンができるはずだ、と思われたようです。

当時、区の施設のパソコンはすべてマッキントッシュでした。当時のマッキントッシュというのは、車でたとえるとフェラーリのような存在です。価格が高いため、持っている人は少数で、なかなか講師がいないというのです。

しかも、幸運なことにその話が来たとき、夫のマッキントッシュが家には2台ありました。夫のものですから、もちろん私は使ったことはありませんでしたが、すぐにくわしい話を聞きに行きました。

その話は、〝降って湧いた幸運〟という言葉がぴったりの内容でした。

場所は、区の施設なので無料。集客は区報でするため、これも無料。私がするのは、カリキュラムとマニュアルの作成、指導だけでした。ついでに、自分もパソコンが覚えられます。

何も理由がないのに、パソコンを習おうとしてもなかなか身につきませんから、これは私にとってもスキルアップのちょうどよい機会でした。

開講まで2ヶ月しかなかったため、大急ぎでカリキュラム表がほしいということで、「急がせて申し訳ないのですが、可能ですか？」と聞かれて、「もちろんです」と即答しました。マッキントッシュのことを突然聞かれたら困ると思って、同行してもらった夫が隣で「何を言い出す？」というような、ギョッとした表情で私を見ていましたが、水面下で必死に水かきをする白鳥のように、にっこり笑ってお仕事をいただき、猛スピードでマッキントッシュを習得し、カリキュラムを作ったのでした。

何でも「できます！」と、自信を持って言えるだけの土台を作っておきましょう。**「やれる！」と思う気持ちが、幸運体質を作る**のです。

行動すれば、お金は後からついてくる

前項の、パソコン講座の仕事を得たことの何が幸運だったのかというと、まずパソコンを覚えるきっかけがいただけたこと。そして、パソコン講座の講師をしたという実績ができたことです。

実績があれば、それまで視野に入らなかった新しい可能性が広がります。

講座自体はＮＰＯ法人の主催ですから、金銭的なことはあまり期待していませんでした。むしろ、無償でもいいと思ったほどです。打ち合わせでも、謝礼の話は出ませんでしたが、何よりも、「楽しそう」「やってみたい」という気持ちが先にあったし、パソコン講師の実績が作れたら、後から必ず役立つに決まっています。

しかも、全部自分で自由に決められるのです。こんなに楽しいことはありません。

開講までに２ヶ月もあれば、マッキントッシュを使いこなせるようになるはずだし、マニュアルも作れるようになるでしょう。できると思ったことは、今までも必ずできました。だから、今回も「できる！」と確信していました。

自分にとばっちりがくると思った夫は、「できないよ。断ろうよ」と言いましたが、私は聞く耳を持ちませんでした。

ここで提示された条件は、墨田区という土地柄、受講生は老人が多いということ。開始は2ヶ月後で、初級と上級の2クラスを3コマずつ持つこと。そして1コマは2時間。これだけでした。

この2ヶ月間はもう、ワクワクしっぱなしで、楽しくて仕方がありませんでした。どんな内容にしようかな？　自分で名刺が作れるようになりたいから名刺づくりにしようとか、せっかく、フォトショップという高いソフトを買ったのに使っていなかったから、ついでにこれを覚えてしまおうとか、すっかり趣味と実益を兼ねたものになりました。

画面をキャプチャーするソフトも、調べて買いました。マニュアルづくりはとても楽しい作業だったし、毎回の作成サンプルを作るのも、子どもが図画工作の時間に遊んでいるようなもので、私にとっては最高の楽しみとなりました。

マニュアルは、家のプリンタで印刷して、大きなホチキスで閉じました。こういう〝お店屋さんごっこ〟みたいなことも、初めての経験だったため、とても楽しかったことを覚えています。

とにかく、できることはすべて、すぐにやりました。

そして2ヶ月後、講座が開始されると、予告されていた通り、受講生の年齢層は高く、80代の方までいらっしゃいました。「これは、マニュアル通りには進まないなあ」と思って、途中でつまずくたびに、「すぐに」内容を変えながら、何とかワンクールの3ヶ月間が終わりました。

下町のおじいちゃんおばあちゃんたちは本当に暖かくて、体力的にはハードでしたが、有意義な時間でした。

週に2日間だけの、午前、午後、夜の3クラスのパソコン講座は大成功でした。

報酬的にも、蓋を開けてみると、びっくりするほど高額でした。まるで、予備校講師並の時給だったからです。

パソコン教室は週2日で、月に100万円以上になりました。公共の仕事だと思っていただけに、この額には驚きました。

さて、この話のポイントは3つあります。

「できる」と即断できるだけの下地を、ふだんから作っておく（準備）

報酬にかかわらず、できることは何でもやってみる（経験）

行動を起こせば、お金は後からついてくる（報酬）

の3つです。

最初から、お金を気にすることなく、経験を積ませていただけることは何でもやってみましょう。お金は必ず、後からついてくるからです。

非日常体験で幸運を引き寄せる

過去の経験、記憶のストック、今まで食べてきたもの、インプットされた知識などのすべてが、現在の自分自身を作り出しています。

そしてそれは、自分の価値観や判断基準、考え方や外見などに現われます。

これらによって、出会う人も変わってくるし、選ぶ道も変わってきます。小さく横道に逸れただけでも、将来的に得られる結果は、大きな変化となって自分自身に返ってきます。それほど重要なことなのに、このことを意識している方は、それほど多くはありません。

たとえ、まったく同じ素質や才能、知識を持っていたとしても、ちょっとした判断の違いや価値観の相違で、人の生き方は180度変わってしまいます。

この判断や価値観の違いを作り出す元が、経験や記憶のストックなのです。

「幸運体質」というのは、〝幸運な結果を招く選択ができる人〟ということです。

つまり、「まったく同じ条件に立たされたとき、よい結果を導き出すことができる人」ということなのです。

人は、物事を判断するとき、過去の経験から瞬時にその結果を推測します。これは、無意識に行なわれるため、「そんなことはない」と思われるかもしれませんが、落ちたペンを拾うという行為ひとつとっても、過去の経験から無意識に行なっているのです。

そして、経験による推測がまったくできない事柄に関しては、人は〝恐怖〟を感じます。恐怖を感じると、行動に支障が出ます。

これまで、一度も水の中に入ったことがない人は、泳ぎがどのようなものかわからないため、自分が泳げるかどうか予測がつかないし、予備知識もなく初めて海に落とされたら、さぞ怖い思いをするはずです。それと同じです。

脳には、本でいう索引のようなものがあって、ふだんは思い出しもしない、昔の経験や記憶がストックされています。

何かを選択しなければならないとき、脳は勝手に索引を検索して過去の事例に重ね合わせ、今起きている事例について、最適な判断を下すのです。

ということは、さまざまなことを経験して、索引にたくさんの事例があったほうが、より正しい判断が下せる、ということになります。データを分析するのに、元データがなければ何もできないからです。

ところが、私たちは日常生活の中で、特定の決まった言葉しか使わなかったり、限られた少数の人としか交流しなくなるなど、大人になるにつれてどんどん行動範囲や生活範囲が狭まっていきます。

会社に入れば、毎日同じ部署の人と顔を合わせ、結婚すれば毎日同じ人と暮らします。また、大人になってからは、大口を開けて笑い合える友人はなかなか作ることはできません。必然的に、脳の中の索引には新しいデータが書き込まれなくなり、古いデータは時間とともに変質していきます。記憶というのは、自分に都合のいいように書き換えられていくものだからです。

面倒くさい、楽をしたい、という気持ちが強くなっていくと、脳の中の索引にあるデータは、自分が楽できることを示すものに変質していくのです。これでは、幸運体質からはどんどん遠ざかっていきます。

また、子どもの頃は、新しい経験をするたびに増えていった脳のシナプスも、大人になると増えなくなると言われていますが、私は大人になるから増えないのではなく、新しい経験をしなくなるから増えないのだと思っています。

だから、子どもはもちろん、**大人こそどんどん新しい経験をするべきなのです**。

私は、普通に暮らしていたら絶対にしないだろうと思われることを、チャンスさえあれば、必ずやるようにしています。自分自身の少ない経験の中だけの判断で、完璧ということはあり得ないからです。

スカイダイビングをすると人生観が変わると聞いたことがありますが、そういう体験をできるだけたくさんするのです。

体験の数が増えれば増えるほど、幸運な選択ができる確率が高まります。

「できる」と思えることが増えるのですから当然です。

毎日、人生初体験ということを、何かひとつ経験していこうという意識で暮らしてみてください。

新しい経験は、何にも増して貴重な「幸運体質の元」です。新しいことをたくさん経験するために、今すぐ行動を起こしましょう。

3章

毎日の積み重ねで幸運体質になる

小さな親切で幸運を貯める

日常の、ちょっとした習慣の積み重ねの中で、最も幸運体質を作りやすい要因は、**〝人に何かをしてあげる〟**ことです。

昔から、「情けは人のためならず」と言いますが、人に親切にしたことは、巡り巡って必ず自分自身に返ってくるからです。親切にした相手から、直接すぐに返ってくるわけではなく、ある程度〝親切の貯金〟が貯まると、どこか別のところからお返しがもらえる仕組みになっているようです。

人に親切にするということは、一種の自己満足です。相手が、本当にそれをありがたいと思っているかどうかはわかりませんが、少なくとも、自分自身は気持ちよくなります。気分がいいときにやったことはうまくいく確率が高いため、そういう意味でも人に親切にするのは自分のためなのです。

損得ぬきで、ちょっとしたことをいつでも誰にでもしてあげる。それだけで、〝幸運貯金〟

が膨らんでいって、ある日ドカンと大幸運が舞い込んでくるのです。

そんなに、大それたものでなくてもかまいません。ちょっとしたことでいいのです。

ただ、親切の貯金はプラスマイナスされます。10の親切を行なっていても、気がつかないうちに20の不親切をしていたら、マイナス10になってしまうため注意が必要です。

不親切なんて、わざわざする人はめったにいません。気づかないでやっていることがほとんどです。だから、気づかないで不親切をしている分を計算に入れると、一日一善では足りない計算になります。慣れてきたら、一日百善を目指しましょう。

つまずいている人がいたら手を差し延べる、電車では席を譲るといった、誰にでも思いつくこと以外でも、呼びかけられたときに笑顔で返事をするだけでも、相手は気分がよくなりますから、これも親切と言えます。相手が話したいと思っていることを聞いてあげる、これも見過ごされがちですが、大事な親切のひとつです。

しかし、人間というのは困った生き物で、自分がしてあげたことは10倍に感じ、してもらったことは十分の一にしか感じないものです。

つまり、普通にしていたら１００倍の温度差ができてしまうのです。

怖いことに、まったくの無意識で、10の親切をされても1にしか感じられず、1の親切を返しただけで、10を返したつもりになる、ということなのです。これが、世の中に諍いを起こす、最も大きな原因となっています。

通常、客観的に見て一対一のギブアンドテイクでバランスが取れている関係であれば、お互いが「こんなにしてあげているのに、相手は何も返してくれない」と、心の中で思っているということになります。

実際の親切は一対一でも、それぞれの気持ちの中で勝手に膨らんだ倍率は一対一〇〇なのです。

これを計算に入れると、自分がしてもらったと感じる100倍のお返しをしなければ、感情のバランスは取れないということになります。

しかし、一日百善を自分のための習慣としてしまえば、自分の幸運貯金のためですから、「こんなにしてあげているのに」などと思わずにすみます。ちょうど、ロールプレイングゲームでイベントクリアするために、村人のお願いを聞いて回るようなものです。

一番簡単にできる親切は、**自分自身がいつも笑顔でいることと相手の話を聞いてあげることです**。それだけで、どんなにまわりの人の気分をよくしてあげることができるでしょう。

私は笑顔が苦手で、ついぎこちなくなってしまうので、せめて人の話を一所懸命聞いてあげようと心がけ、いつも聞き役に回っています。

この心がけのお陰で、人生相談の窓口の仕事を得たり、現在ではメール相談やコンサルティングの仕事もできるようになりました。

人の話を親身になって聞いてあげるだけで、仕事がどんどん舞い込んでくるのです。

本当に小さな心がけなのに長く続けた結果、月に何十万円という収入が現状に上乗せされることになりました。

カウンセラーの資格を取っていきなり開業しても、相談に来てくれる人がいなければ、仕事としては成り立ちません。

逆に、看板を掲げなくてもどんどん相談が来れば、自然と仕事になってしまいます。見返りを求めない小さな親切が、私にもたらした収入は莫大なものでした。

自分が、興味があって話したいことを、興味深く聞いてくれる相手というのはなかなかいないものです。

いつも笑顔で、人の話を聞いてあげる親切からはじめてみてはいかがでしょう。

趣味を増やすと幸運チャンスが増える

最近はみなさん忙しいため、趣味がない人が多いそうです。しかし、逆に忙しい人ほど多趣味で、多趣味な人ほど、幸運体質だったりします。

趣味が多いとチャンスに出会う確率が高くなるため、幸運体質になりやすいのです。それは、新しい人間関係がどんどん作られるからです。

幸運というのは、例外なく「受け取る準備」ができている人に対して、別の誰かが運んできます。

また多くの趣味を持っていれば、サークルや教室で出会う人間関係だけでなく、まったく関係のないところで出会う人にも影響を与えます。

それまでは絶対に交わらなかっただろう人たちと、同じ趣味を持っているという理由で親しくなることができるのです。

趣味は、人間関係の幅を広げるのに役立ちますから、履歴書の趣味欄定番の「音楽鑑賞」

以外に、興味のあることはないかを思い出してみましょう。

ゲームだってマンガだっていいのです。本や絵だってかまいません。釣りやサッカー、ジョギングなどのスポーツでもいいでしょう。

何でもいいのですが、ひとつだけ注意しておくポイントがあります。

自分の年収は、親しく付き合う人7名の平均値になると言われています。

趣味と年収に何の関係があるんだ、と思われるかもしれませんが、実は大ありなのです。

年収の高い人が好む趣味、知性の高い人が好む趣味、経営者層が好む趣味、若い女性が好む趣味などに、ある程度の傾向があることはたしかです。

ということは、どんな自分になりたいかを明確にしていれば、将来なりたい自分なら当然やっているだろうと思われる趣味が、おのずと見えてくるわけです。

どんな趣味でも、やらないよりはやったほうが幸運確率は高まりますが、なりたい自分が明確に決まっているなら、ピンポイントで狙っていったほうが効率的でしょう。

できるビジネスマンになりたいと思っているなら、マインドマップや速読を習ってみる。おしゃれな女性に出会って、素敵な恋愛をしたいと思っている男性なら、皇居の周りをジョギングしてみるといいかもしれません。

年収の高い男性と知り合って、理想の結婚をしたいと思っているなら、年収の高い男性が好むゴルフなどはいかがでしょう？　経営者や年収の高い男性と知り合える機会は増えるはずです。

今の自分とは、交わるところがひとつもないような富裕層と知り合いたかったら、乗馬をお勧めします。

もちろん、どれもそれなりのお金がかかるため、自己投資する気持ちがないと続きません。

このように、出会いたい人や、将来なりたい自分を想定して、これからはじめる趣味を選択していくと、効率よく幸運を引き寄せることができます。

ただし、本当に〝趣味〟でなければいけません。

単に、人と出会いたいから行ってみただけで、上達しようという意欲がまったくない、というのでは意味がありません。

ゴルフをはじめたら、少なくとも3ヶ月は上達できるように猛特訓をしてください。

絵を習いはじめたら、最初のうちは毎日10分間、クロッキーを3セット続けるなどの努力をしてください。

熱心にやるからこそ、すばらしい人間関係が作れるのです。

かわいい女の子と出会いたいからとか、金持ちの知り合いがほしいからといった、邪まな動機だけだと、結局誰からも相手にされません。あくまでも出会いはおまけで、趣味に打ち込むことが大切なのです。

そこで出会う人間関係や新しいインスピレーションが、未来に新しい選択肢を運んでくれるのです。

その新たな選択肢の中に、びっくりするような幸運に続く道があるのです。

私は演劇が好きで、10代の頃インディーズの映画に出たり、趣味の小説仲間経由で出版の話が来るなど、趣味の人間関係から、普通にしていたらとても体験できないようなことをたくさん経験させていただいています。そして、今もその経験が幸運を引き寄せるためにとても役立っています。

本を読むと幸運チャンスが増える

本は、知識を得るために読むという人もいますが、私は別の理由から本を読んでいただきたい、と思っています。私が、本を読むべきだと思う理由は3つあります。

ひとつは、架空の体験を積むため。

もうひとつは、同じ好みの人を引き寄せるため。

最後は、読解力を自然に身につけるためです。

読書といえば、ビジネス書しか読まない人がいますが、ビジネス書だけでは他人の疑似体験はできないし、語彙が限られているために読解力もつきにくいので、ぜひ小説も読んでいただきたいと思います。

「類は友を呼ぶ」と言います。本を読む習慣を身につけると、本好きな人がまわりに増えていきます。

そうすると、自然に付き合う人も変わっていきます。本を読まない人よりも、日々の習慣の中に読書が普通に組み込まれている人のほうが幸運を運んでくる確率が高いため、本好きと知り合うとチャンスに巡り合う機会が増えます。

もちろん、自分もまた本をたくさん読むことで、他人に幸運を運んであげられる人になれるでしょう。

本好きは、本好きを引き寄せます。

そして、成功している人のほとんどは本をたくさん読んでいます。

新しい出会いがあったとき、あなたはどんな会話をしますか？

「いいお天気ですね」「仕事はどうですか？」「ボチボチです」といった意味のない会話をしているだけでは、実のある人間関係は作れません。

誰でも、自分の心の中に信念や強い考えや好みを持っています。そこに触れるような話ができないと、よい人間関係は作れないのです。そのきっかけになるもののひとつが、実は本なのです。

本ほど、誰でも手軽に手に入れることができるものはなく、また読書ほど、すぐにはじめられる趣味は他にありません。

もし、初対面の人と会う機会があったら、事前に相手のことを調べておきましょう。

今はインターネットがあるので、たいていのことは調べられます。どんな趣味を持っていて、どんなジャンルの本が好きで、どんな言葉に共感する人なのか、などを事前にリサーチしておくのです。

「この本、知ってる？」と言われたとき、「知っています」と答えることができれば、会話が弾むことは間違いないし、読んでいる本の種類から、相手の考え方の傾向をつかむこともできます。

私は経営者になって以来、求人に応募してきた人と何百回も面接をしてきました。しかし、せっかく応募してきたのに、弊社のホームページすら見ていないし業務内容も知らない、私の著書も読んでいないだけでなくその存在すら知らず、私の名前も知らないという人が多くて、びっくりしました。

当然、私のブログも読書レビューも見ておらず、私が勧めている本など、1冊も読んだことがありません。当然、それでは採用されるはずがありません。

私は時折、無料でコンサルティングをすることがありますが、申し込んできた人の中で印象に残り、無意識に親身になってしまうのは、「先生がSNSでお勧めされていた本を読んで、とても参考になりました」とか「先日、ブログで書かれていたことを、自分なりに考えてみました」など、事前にきちんと調査をしたり、下地を作ってきている人です。

あなたに何らかの幸運をもたらしてくれる人は、ほぼ間違いなく読書を好む人です。読書量とジャンルの幅を広げておくことは、趣味を広げるのと同じ理由で、幸運体質になるためには重要なことなのです。

相手の好みに合わせた会話についていける雑学も、読書で養うことができます。相手が言わんとしていることを理解するための読解力も読書で身につくし、小説を読めば、自分自身が体験できていないことに対する脳の索引も作られます。

読書をしたらレビューを書いて、同じ感性、価値観を持つ人を引き寄せることも大切です。あなたの感性を理解しない人ばかりがあなたのまわりを固めていたら、あなたに幸運がやって来たときの妨げになるからです。

読書と、読書がつなぐ人のつながりによって、膨大な幸運が、嫌でも押し寄せてくるようになるのです。

日記はアイデアを活性化させる

私は、スクールの受講生にも日記を書くことを勧めています。小学生のときに書いた、「何月何日、今日は雨でプールに入れませんでした」といった日記ではなく、決まったノートに毎日何かを書く、という行為を、私は「日記を書く」と言っています。

パソコンを日常的に使うようになって、紙に文字を書く機会はぐんと減りました。しかし、紙に書いているときのほうがアイデアが浮かんでくるのは、私だけではないようです。「作文三上」と言って、よい文章が浮かぶのは、馬に乗っているとき、寝ているとき、あるいはトイレの中、と故事にあります。

たしかに、電車の中で揺られながらボーッとしていると、ふと言葉が降ってくることはよくあることだし、寝ていて文章が降ってきて飛び起きることもあります。

しかし、いざパソコンに向かって、「さあ書こう」としても、なかなか言葉は出てこないので、いつも決まったノートを持ち歩き、そのつど何でも書き留めておくことが大切です。

せっかくのアイデアも、書いておかないと忘れてしまうからです。

私は、自分で開発したオリジナルの手帳を日記として使っていますが、1日1ページの中に書くことは、夢と妄想、スケジュール、今日やるべきことリスト、食べたもの、ふと思いついたフレーズやアイデアなどです。

適当なメモ帳ではなく、いつも決まった大事なノートで、ヴィジュアル的にもインパクトがあるものがいいでしょう。

それを常に持ち歩いて、いつでもどこでも開くことで、逆にそのノートを開いたらアイデアが降ってくるという条件反射を作り出すことができます。

ノートが、ひらめきを呼び覚ますフックになるように、自分で自分の習慣を逆設計するのです。3ヶ月もあれば習慣化できて、「今すぐやる」という行動の助けになるのでお勧めです。

毎日書くとなると、つい反省ばかりを書いてしまいがちですが、これは絶対にやってはいけません。

できなかったことへの反省ではなく、うまくいったこと、やりたいこと、楽しいこと、ワクワクすること、自分自身のすばらしいところ、友人のすごいところに気づくことができた自分自身をほめる言葉などを書いていくのです。

こうしたよい点を組み合わせると、ある日突然、それらが化学反応を起こして、すばらしいアイデアがどんどん出てくるようになります。

それが習慣化すると、「ノートを開けばアイデアが出る」という条件づけを脳が学習するため、自分自身がそのように思い込むようになっていきます。

すると、無意識領域である潜在意識に伝わり、「ノートを開いたら、常にアイデアを出せばいいのだな」とプログラムされて、勝手にアイデアが出てくるようになります。

私は6年前、デコメを作成する自動ツールを2週間で5000万円売り上げて法人化しましたが、これができたのも、日々ノートに書きなぐったアイデアが、あるときパーンとつながって、その直感が消えないうちにすぐ行動に移した結果です。

それまで、ツールを販売するという考えは、まったく頭にありませんでした。法人化の予定もなかったし、その後、億単位のお金を稼ぐことになることも予定外でした。ノートに書いたアイデアがつながらなければ、私は今も双子育児中の主婦だったかもしれません。

このノートのお陰でアイデアが浮かび、それをすぐにやってみたからこそ、2週間で5000万円を手に入れることができたし、億への道も開けたのです。

あなただけの特別なノートを、いつも持ち歩くようにしてください。それは、書いたことがすべて叶ってしまう魔法のノートになってくれるはずです。

※高嶋の開発したオリジナル手帳は、シビス公式サイトより購入できます（http://www.cibs.jp）

知らない人と話して幸運を引き寄せる

毎日30人の人と話すと、脳が老化しないと言われています。学生時代ならクラスメート全員と1日最低1回話せばいいだけですが、大人になると、これは至難の業となります。意識的に、人との出会いを増やして話すように心がけないと、どんどん脳は老化してしまうでしょう。

私は、1人で過ごす時間が好きで、もともと社交的な性格ではありません。人見知りでもあるため、知らない人と話すと疲れてしまうのです。そのため、意識してセミナーなどに出かけて、人と会う機会を作るようにしています。

自宅で億を稼ぐきっかけになった携帯アフィリエイトの塾も、セミナーで出会った人とのコラボから生まれたものです。それによって、私の収入が増えただけでなく、1000人の塾生の平均月収が10万円に増えました。

さらに2011年末には、別の方とコラボして新しい塾を企画し、3億円以上の売上げとなりました。これも、出会いがなければ起こらなかったことです。

セミナーや習い事、勉強会、朝食会、読書会などにどんどん出席して、知らない人とたくさん話すようにしましょう。出ていかなければ出会いはありません。

最終的に、あなたに幸運を運んでくるのは「人」です。誰にも会わずに引きこもっていたのでは、幸運に巡り合うチャンスは激減してしまいます。

また、毎日同じ人とだけしか交流がない、という状態も、運の流れを停滞させます。

「人との出会いが幸運を運んでくる」と言うと、権力を持っている、お金を持っている、人脈がある等、自分にとってメリットのある人とだけ、効率よくつき合おうとする人がいますが、少し意味合が違います。

相手から何かをしてもらいたいという下心は、どんなにうまく隠したつもりでいても、必ず相手に伝わってしまいます。

あなた自身に興味がなく、あなたの持っている人脈やお金や資格しか見ていない人と知り合って、「紹介してください」「教えてください」「買ってください」と、要求ばかりされたとしたら、あなたはいい気持ちがするでしょうか。

人との出会いで得られる最大のメリットは、相手に何かをしてもらうことではなく、それがきっかけとなって自分自身の内部に起こる化学反応やインスピレーションです。

知らない分野の方とのちょっとした会話がヒントになって、自分1人では思いつかなかった選択肢が見つかることがあります。

つまり、「そこにあるけれど、見えていなかった幸運に続く道」を、出会った誰かが知らせてくれるのです。

私の場合は、自分のノウハウとは正反対の理論を持った人と出会い、最初はぶつかり合っていたのに、ある日ふとした言葉がきっかけで大きな可能性を感じ、コラボレーションすることに決めました。

過去、塾生1000人に毎月合計1億円を稼がせることに成功していますが、それ以上の成果――1000人の塾生に、毎月合計3億円稼がせることができるアイデアが、その出会いによってひらめいたのです。

たくさんの人が、今よりも豊かで幸せになる方法を見つけたのですから、やらない理由はありません。いったん決めてしまえば、行動は早いほうが得られる結果は大きいため、すぐに開始しました。

カリキュラムを作って、モニターでテストを繰り返し、満足のいく成果を確認したら、すぐに自宅で収入を得たいと思っている人を募集します。

このときも、セミナーなどで出会った人たちに告知の協力をしてもらい、1万人以上の方に興味を示していただくことができました。

集まった人にノウハウの概略を教え、さらにくわしく、真剣に学びたい人たちにオンラインの塾という形式で、ノウハウとツール、さらにサポートを提供したのです。

せっかくのノウハウを、自分だけで独り占めすれば、月に３０００万円程度は稼げるかもしれませんが、それを多くの人に教えることによって、全員の報酬合計はその10倍の３億円になるのです。

つまり、**人に教えれば教えるほど、幸せの総和は増えていく**のです。そして、幸せの総和を増やす努力をすると、結果的に自分に舞い込んでくる利益も増えるのです。

自分の利益、パートナーの利益、そしてユーザーの利益、これがすべて均等になるようにすれば、何をしても必ずうまくいき、多くの人が今よりも少しだけ幸せになれる、というわけです。

人との出会いで得たインスピレーションをそのまま放置せず、すぐに形にしたことで、サラリーマンの生涯年収よりも多い３億円という金額を、自宅にいながら、しかも双子を育てながら、販売期間２ヶ月で売上げることができたのです。

何でもリスト化しよう

手帳を買うと、たいていｔｏ ｄｏ リストという項目があります。これは、やらなければならないことをリスト化しておくというもので、使い方によってはかなり役に立ちます。

リスト化する習慣のない方は、初めは何でもいいので、同じ場所に書き留めてリスト化していく練習をしてみてください。

それに慣れてきたら、リストをいくつかに分けて、さらに効率アップを図りましょう。

まず大雑把に、期限が決まっていて、1週間以内にやらなければならないこと、1ヶ月以内にやるべきこと、期限は決まっていないものの1年以内にはやっておきたいこと、といったように分けます。最初は、これだけで充分です。

リストは、ただ書くだけでは意味がないため、毎朝確認するようにします。

そして、やり終えたことはどんどん消していき、さらに思いついたことは書き足していくのです。

これに慣れてきたら、1週間以内にしなければならないことの中から、3分以内にできることをピックアップしていき、隙間時間にｔｏ ｄｏリストを作ります。

今、私はダイエットをしていて、夕食は1食４００ｋｃａｌの冷凍のダイエット弁当にしています。このお弁当を４分30秒、電子レンジで温めるのですが、このたったの４分30秒が、ただ待っていると意外と長いことに気がつきました。

もちろんその間に、テーブルを拭いたり箸を出したり、グラスにミネラルウォーターを注いだりするのですが、それでも30秒くらいしかかかりません。

４～５分では何もできないと思いがちですが、こうして４分30秒きっちり測ってみると、何て長いんだろうと感じるから不思議です。

この間に、私は郵便物の分類をしたり、領収書を整理して税理士に送るボックスにカテゴリごとに分類したり、その日の不在中にあった電話への折り返し電話をまとめたり、３分でできるリストにあることをどんどん片づけていきます。

これらは、わざわざやろうと思うと面倒に感じますが、４分30秒しかないとなると話は別です。４分30秒の間に、どこまで雑用ができるか、ゲームのように楽しめるようになっていきます。

そのためには、時間が空いてから何をするかを考えるのではなく、ふだんから隙間時間に

ｔｏ　ｄｏリストを作っておくことが有効です。リストが10個以上あって、夕食を温めている間に、それらが全部終ってしまったら、かなり得をした気分になるはずです。

私の場合は、たまたまダイエット食を温める時間が4分30秒でしたが、眠る前にミルクを飲む習慣のある友人が、電子レンジでミルクを温める1分30秒が妙に長く感じる、と言っていたことがあります。

電子レンジは、数字がカウントダウンされるため、わざわざ時間を測る習慣がないときにうまく利用してください。

このように、電子レンジで時間を測って、何がどこまでできるかをチェックするのです。慣れてきたら、キッチンタイマーなどで何をするときも時間を計るようにしてください。だいたい何分で何ができるのか、ということを体感しておくと、とっさの場合にすぐ、「できます！」と言えるようになります。

そして、隙間の時間を見つけたら、やるべきことをできるだけ細分化していって、数分でできる雑用を片づけることに使ってください。

やることは、思いついたらすぐにｔｏ　ｄｏリストに書き込みましょう。

4章

幸運体質になるための7つのポイント

お金を好きになろう

「あなたはお金が好きですか」と聞かれて、大きな声で「お金が好き」と言える人は少数でしょう。

私たちは、お金に対する教育をほとんど受けることなく大人になるし、親からは「お金、お金と言うんじゃありません！」と叱られながら育てられるため、何となく「お金の話をするのはいけないこと」と潜在意識に刷り込まれているようです。

しかし実際、お金がほしくない人なんているでしょうか？

日本は資本主義社会ですから、有産階級になるか無産階級になるか、二つにひとつしかありません。つまり、資本主義社会には、資本家と労働者しかいないということです。

資本家とは、資本を所有し、それを貸し付けたり出資して労働者を雇用し、利潤を得る人のことです。つまり、起業家、社長、投資家などです。

一方の労働者とは、資本家に労働力を提供し、その対価として賃金を得て生活する人のことです。つまり、全世帯の90％以上を占めるサラリーマンです。

そして日本では、「資本家なんて、まともに働きもしないで、利益を一人占めする守銭奴だ。労働者は搾取されているので、もっと保障されるべきだ」という考え方が蔓延しています。

勤めてお給料をいただく働き方こそが真っ当な生き方であり、株式投資家のように、働かずに利益を得ようとする人は「守銭奴」と呼ばれるのです。

株を買う人は、言ってみれば資本家です。それを非難する人は、一生サラリーマンとして生きていく人たちです。そしてこの反応は、世間一般の大多数の標準的な反応です。そのため、大多数の人はお金に好かれることはありません。

つまり、ほとんどの人は労働者の考え方をスタンダードにして暮らしているため、「お金が好き」と胸を張って言える人は少ないのです。

そして、お金を持っている人を批判して、「もっと税金を払え」などと言います。自分たちが支払う数万円の税金には文句を言い、資本家が支払う数億円の税金は当たり前だと思っているのです。

子どもの頃、「公務員は、俺たちの税金で食っているくせに」と言う子が、クラスに1人はいなかったでしょうか？　どの学年にも何人かそういうことを言う子がいましたが、おそらく家で、親がそう言っていたのでしょう。

しかし、そう言っている子の親が支払っている税金は微々たるもので、控除や保障や手当など、もらっているもののほうがずっと多いのです。

日本の税収の80%は、上位20%の年収800万円以上の人たちが支えています。

幸運体質とは、お金だけがバロメーターではありませんが、貧乏な状態より、お金が豊富にあったほうが、より幸運な状態を作りやすいのは事実です。だから、お金を好きになって、お金に好かれる人間になりましょう。

そのためには、最終的に年収800万円以上になって日本の税収を支えながら、労働者から資本家にシフトしていかなければなりません。そうなるためには、

日々、お金を大切に扱うこと

「お金がない」とは決して言わないこと

財布には、いつも現金をたくさん入れておくこと

この3つを心がけるだけで、お金に好かれる体質を作ることができます。

お金に嫌われたら、かなり高い確率で幸運は去っていくと思ってください。幸運体質になれば、年収800万円以上になる可能性が高まるし、労働者から資本家にステップアップすることだって夢ではないのです。

毎日、何度も自分自身をほめまくる

子どもは、ほめて育てるのがいいと言われていますが、必ずしもそうとばかりは言えないようです。

モチベーションには、「内的モチベーション」と「外的モチベーション」があります。

誰かにほめられたいとか、ご褒美がほしいという欲求で動くのが外的モチベーションであるのに対して、内的モチベーションは、面白い、できるようになりたいという、事柄そのものへの興味から湧き上がってきます。

そして、内的モチベーションで動いている人をほめると、かえってやる気をなくしてしまう、と米国の心理学者エドワード・デシは述べています。

外的モチベーションは環境に左右されますが、内的モチベーションは自分自身でコントロールできるため、こちらを高めるほうが、何でも「すぐやる」ことができて、ひいては幸運体質にもなりやすくなるのです。

そのためには、内的モチベーションの引き出し方を身体で覚えてしまえばいいのです。

「自分はできる」と実感できることを一度でも体験すると、そのときの達成感が忘れられなくなり、その感覚を得るためにまたチャレンジし、「できた、またできた」を繰り返すようになります。

そして、〝できる自分〟をとても誇らしく感じるようになります。**そうなると、もう他人からほめてもらう必要がなくなる**のです。

「私ってすごい。さすがは私！　こんなことくらい、すぐにできる」と、自分で自分をほめまくれるようになるため、内的モチベーションが落ちないのです。

人は経験の中から、「自分は、これくらいのことができる」という自分の「スタンダードレベル」を知っていきます。

自分をほめていい気分になると、「いやいや、これでは低すぎる。私のスタンダードレベルはもっと高いはずだ」と、いい具合に波に乗ってきて、**努力しなくても、勝手にがんばる体質**になります。これが、**幸運体質の大元**です。

人生とは、自分という人間がどこまでできるのか、自分自身の限界に挑戦することです。

人はみな、特別な存在です。特別でない人間など存在しません。だから、他人と同調する必要なんてないのです。

人と違う自分を、心からほめて好きになりましょう。他人の評価なんて、気にする必要はありません。自分が満足いくまでがんばって結果を出せば、誰もほめてくれなくても、自分自身が誇らしく思えてくるはずです。

逆に、誰にほめられても、自分が認められないような行為はするべきではありません。

私は何でもできる
私はすごい
私は幸せ
私は運がいい
だから、何をやっても必ずうまくいく

毎日、こう言って暮らしましょう。すると、本当に何をやってもうまくいくようになります。

特別な才能が溢れているわけでもない私が、「今すぐやれる体質」になって、自宅で毎年億単位のお金を稼いでいるのも、たったこれだけのことを繰り返した結果に過ぎないのです。

人を好きになる

人がもっとも強く求めるものは、〝愛〟だと言われています。その次が〝お金〟、そして〝時間〟と続きます。

愛がなければ、いくらお金があっても仕方がないと言って、お金を求めることを否定する人がいますが、これらのどれひとつ欠けても幸せとは言えません。どうせなら、すべてを手に入れましょう。

幸運体質の人とは、そのすべてを同時に手に入れることができる人です。愛もお金も時間も、手に入れる方法はすべて同じです。日頃から、幸運体質になるための習慣を身につけておくだけです。

私のところには、知らない方から毎日、多数のメールが届きます。在宅で収入を得たい方からだけでなく、本業とは関係のない人生相談をされることもあります。

こうもたくさんメールをいただくと、1通1通熟読してお返事することはできなくなってきます。返信が必要なメールは、公私合わせて少なくとも1日に200通は届くし、その他ダイレクトメールやスパムメールが何百通も来るため、気をつけないと貴重な時間が、1日中メールチェックだけで終ってしまうことにもなりかねません。

ところが、どんなに忙しくても、思わず数時間かけて長い返事を書いてしまうことがあります。

私が運営しているのはオンラインスクールなので、ふだんは、メールで受講生サポートをしています。有料会員に対して、インターネットを使って自宅で収入を得るためのアドバイスをしているわけです。

また、ときには対面で、収入を増やしたりモバイル市場で商品を販売するためのアドバイスなどを行なっています。

そのため、無償でメール相談に応じることは、会員のことを考えると躊躇するのですが、それでも思わず親身になってメールを返してしまうことがあります。

そもそも、はじめは好奇心から得たノウハウを、メールマガジンなどで無料で公開していました。そうこうするうちにどんどん相談者が増えていき、とても全員に無償でアドバイスすることができなくなってきたため、現在は有料でアドバイスをしています。

そうは言っても、知らない方からいただくメール相談に、有料なので回答できませんとお返事したことは一度もないし、無償で何度も答えてしまうケースもたびたびあります。

それは、「1人でも多くの方に、自立する大切さを学んでほしい」と願っているからです。

しかし、数が多すぎて、全員にまでフォローすることはできません。

では、長いメールを返す相手と最低限のお返事しかできない相手はどう違うのでしょうか？　私は、それらを意識的に選別しているわけではありません。自然にそうなってしまうのです。

無償で、親身になって回答をしたり、その人の代わりに調べてあげるのは、メールを下さる相手を「好きだ」と感じたときです。好意は無意識ですから、どんなに忙しくても、真剣に時間をかけて返事をしたくなってしまうのです。

そうした思いが届き、相手ががんばろうと思ってくれたときには、私自身も報われるし、私の好意に対してそれ以上の気持ちで返してくださったときには、心が温かくなります。

誰でも、自分のことを気遣ってくれる人、相手の立場になって考えられる人、見返りを求めずに親切にしてくれる人には好意を感じるものです。

ということは、先に相手を気遣ったり、損得ぬきで何かをしてあげることができたら、そのうちの何％かは、あなたに好意を持ってくれるはずです。

それを無理なく行なうためには、**積極的に人を好きになること**です。相手を好きだと感じると、何をしてあげるのも苦にならなくなるからです。

しかも、好きな相手に対しては、「せっかくしてあげたのに……」という気持ちも起こりません。

相手に何かをしてほしいという気持ちを捨てて、一切の見返りを求めず、何でもしてあげたいと思える人とだけ付き合うようにしましょう。

好きだと思える人が多いほど、あなたはその人のために何でもしてあげたくなり、その結果、人はどんどんあなたのまわりに集まってくるようになります。

そして、人が集まるところには、必ず幸運が待っているのです。

私は半年以上、メールマガジンの読者に無償で携帯アフィリエイトのやり方を教え、無料教材も配布してきました。一人ひとりに心から結果を出してほしいと思い、真剣にアドバイスもしました。しかし、嫌いな相手にそんなことはできません。好意がなければできないことなのです。

こうした行動を見て、私を認めてくれた人たちが塾生になってくれたお陰で、携帯アフィリエイト塾としては最多の人数が集まり、双子育児中でも自宅にいながら、2億円という売上げが達成できたのです。

全体から見た自分自身の位置を知る

「井の中の蛙」という言葉があります。

これは、学校や会社という小さな集団の中での自分の序列を無意識のうちに把握し、それが絶対的な基準だと思い込むことを言います。

しかし、一歩外に出てみると、ことあるごとに、自分にはまだこんなに知らないことがある、世界は広いと感じるようになり、そのたびに、自分はまだまだ「井の中の蛙」だと気づかされます。

そうすると、偏差値や成績、資格や他人からの評価など何の役にも立たないということがわかります。

とくに、仕事では経験がものを言います。経験がなくて資格を持っている人より、資格はないけれど10年の経験がある人のほうが、物事を成し遂げる力はあるのです。

若いうちはそれがわからず、他人より自分のほうが実力がある、と思いがちです。

私も長らく講師業をしていて、人から相談を受ける立場にいたため、「自分が思っている実力どおりに、人から認められない」という思いを、多くの人が抱いていることがわかりました。

そして、「あいつより俺のほうが実力は上なのに、あいつばかり上司に認められるのは、要領がいいからだ。実力があるのに認めてもらえない俺は運が悪い」と、運のせいにしてしまう人がとても多いのです。しかし、それは大きな間違いです。

結果が得られるかどうか、実力があるかどうかは、自分のものさしでは決めることはできません。市場が決めるのです。

そして、市場が認めて需要がある人には仕事もお金も人も集まっていきます。その結果、その人はどんどん幸運になっていくのです。

私は、ウェブデザイナーになろうと決めたとき、即営業メールを出しはじめましたが、それと同時に、スクールにも通うことにしました。卒業生対象で求人があるはずなので、数多くある選択肢のひとつとして、やれることはすべてやろうと考えたからです。

20名くらいのクラスの全員が在宅で収入を得ることを夢見て、スクールに通っていました。そしてみんな、学校さえ出ればすぐに仕事がきて、フリーのウェブデザイナーになれると思っていました。

しかし、私も含めてクラスは、まったくの初心者ばかりでした。素人目に見ても、プロとして通用すると思えるサイトを作っている生徒はいませんでした。もちろん、私のサイトもひどいものでした。

スクールが出している「卒業生の声」は少数で、本当に限られた人だけが成功し、残りの9割はあきらめていくのだということを物語っていました。

ここで私は、自分の立ち位置が、これからウェブデザイナーになろうとしている新人の中でさえ、下位1割だということを認識しました。仕事がもらえるのは上位3％ですから、相当な開きがあるわけです。ですから、クラスのみんなと同じことをしていたのでは、結果など得られるはずがありません。

このギャップを埋めるために何をすればいいのかを四六時中考えていて、何かを思いつくと、すぐに日記代わりの手帳に書き込んでいました。

そして家に帰ると、思いついたことはすべて、その日のうちに全部、すぐにやるようにしたのです。

なかには、無駄なこともあったかもしれませんが、下位1割にいる私が仕事を得るためには、やりたいことだけをやるとか、効率のいいことしかやらないといった選択肢はありませんでした。

何かをはじめようとするとき、まずしなければならないことは、全体から見た大雑把な自分自身の位置を把握することです。これができず、〝井の中の蛙〟のままだったら、私は在宅ウェブデザイナーとして、最高月収200万円を得ることはできなかったはずです。

スクールで知り合った友人のほとんどは、結局仕事を得ることはできませんでした。せっかく同じクラスになったのだから一緒に成功したいと思い、私が試しにやってみたことを教えても、反応は「？・？・？・」でした。

「まだ卒業もしていないのに早いでしょう？・」「卒業したら、何もしなくても仕事を紹介してもらえるはずだ」「意外とたいへんそうだから、仕事が来ても断るかもしれない」という彼らの言葉を聞いて私が思ったことは、「彼らは自分の立場をまったく理解していない」ということでした。

スクールでは、成功例の数値を公表していませんでしたが、クラス数と仕事を得た卒業生の数をざっと見積もってみれば、仕事が得られる確率は、せいぜい3％程度です。

つまり、自分がクラスの上位3％に入っていなければ、仕事にはありつけないことがわかります。

このように、数字を追っていくと、全体的な自分の位置がわかりやすくなります。

数字で大枠を把握しておくと、どこまでチャレンジできるのか、またどこまで自分が通用するのか、どこまで力を入れるべきなのか、を判断することができます。

これができないと、何をやっても独りよがりになってしまい、幸運が逃げていってしまうのです。

「全体から見た、自分自身の位置」を正しく判断することができれば、次に何をすればいいのか、が自ずとわかってきます。

スクールを卒業する頃には、私は在宅でウェブデザイナーの仕事をしていたので、スクールから「卒業生の声」に掲載したいと言われました。

なるほど、**こうして自発的に動いて仕事を得た人だけが、「卒業生の声」に掲載される人なのだ**、とそのときわかりました。

何の実績も人脈もなく、実力も最下層にいると認識していた私は、仕事をいただけるだけで、それがどんなにありがたいことか、という気持ちがありました。

だから、どんなに単価の安い仕事であっても、仕事のスピードを上げて時給をアップすることを、ゲームのように楽しんで取り組んでいました。

その結果、どんどん単価の高い仕事がいただけるようになったのです。

また、実力は最下層クラスであることを認識していたため、スキルアップのためにできることは、何でもすぐにやりました。

仕事をいただけるたびに、担当の方と話をして、求められている結果がどんなものなのかを考えて行動しました。それが正しく理解できず、相手に満足してもらえなかった仕事もたくさんありましたが、そのような経験を積み重ねることで、最初は大雑把だった「全体から見た自分自身の位置」が、しだいに正確に把握できるようになっていきました。

また、どんなにすばらしい能力を持っていても、相手が望む結果を出せなければ、その力はないのと同じです。

相手が何を望んでいるのか。社会全体はどういう状況なのか。**どうしたら、相手に喜んでもらえるのか――そういった視点を持つことが大切**です。

そのためには、よほど意識して遠くを見渡そうとする努力をしていくことが必要です。自分が生きている業界だけでなく、社会全体を見て平均値を知ることで、自分自身が置かれている状況を、客観的に把握するように努力しましょう。

まずは、「全体から見た自分自身の位置」を正確に知り、自分が望むレベルに行けるように努力することが大切です。

自信を持つ

自信を持つことは、自信過剰とはまったく違います。自信過剰というのは、正確な自分の立ち位置を知らず、自分自身を実際よりも大きく見積もっている状態だからです。

自信とは、正確な自分の位置を知ったうえで持つ正当な評価です。

自分の現在地を知れば、上を目指して努力するため、努力に応じた「自信」が生まれます。そう、自信とは、努力による根拠を自分自身が知ることなのです。

そうすれば、他人に根拠を求める必要もなく、行動の許可をもらう必要もありません。すべて自己責任で、何でも自分で決めて、自分で実行できるようになります。

これを、**「自立」**と言います。

つまり、自信の根拠をたしかなものにすることが、自立の第一歩なのです。

ときどき、「根拠のない自信」を持っている人を見かけますが、こうした人はたいてい成果を出します。外からは根拠がないように見えても、本人の潜在意識の中には、きちんと根拠があるからです。

潜在意識は、自分にも他人にも見えないため、まるで人の目には〝根拠のない自信家〟と映りますが、実は根拠は、その人の過去の経験の中に隠されているのです。

「できる、できない」という判断は、過去の記憶や経験から自動的に下されます。通常は、過去に経験したことは「できる」、まったく未知の領域は「できない」と判断されます。

脳は、実際の出来事と想像したこととの区別がつかないため、夢の中の経験であっても空想であっても、ひとつの経験として、記憶に引き出しがひとつ増えることになります。

根拠のない自信を持っているように見える人は、人より数多くの経験をしているか、あるいは本や映画、夢などで架空の経験の記憶がたくさんストックされている人です。

本を読んだら、主人公になり切って主人公とともに行動し、それを記憶にストックします。そうすると、1人の人生なのに、その何百倍もの経験をしたのと同じ感覚になります。少なくとも、脳はそう勘違いをするのです。

そして、何かが起こったとき、**「大丈夫。できる、簡単」と、根拠なく判断します**。脳の中では、架空の記憶をつなぎ合わせて、「過去に、似たような経験をしているからできる」と判断しているわけです。

ということは、できると判断する材料を、潜在意識の中にたくさん放り込んであげることで、何でもできるようになれるということです。

今日から、スーパーマンになるための材料を、どんどん集めていきましょう。そして夜眠る前に、何でもできる自分自身を想像しながら眠りにつくようにしてください。

逆に、できると思っていたのに、いざやってみたらできなかった、という経験を積み重ねると、「どうせ、やってもできない」と脳が覚え込んでしまうため、一転してダメ人間になってしまいます。

ですから、できると思ったことは必ず、何が何でも、どんな手を使ってでも、自分自身でできたと思えるレベルにまでもっていく必要があります。

自分自身でできたと思えるレベル、というところがポイントです。他者の評価ではなく、必ず自己評価をしてください。

完璧でなくてもかまいません。「ここまでやるぞ」と決めて、それができたら、「できた」という記憶に変換して、ストックしていくようにしてください。

こうして、「できた」の数が増えてくると、自然に自信がついていきます。

本物の自信は、他人が何を言ってもブレることはありません。また、他人と自分自身を比較して、落ち込むこともありません。

ゲーム感覚で集中すれば仕事も効率アップ

幸運になるための基本は、自分に与えられた任務を全力でこなすことです。それには、「集中力」が必要不可欠です。

あなたが過去、もっとも集中したことは何でしょうか？　思い出してみてください。

ゲームなどの楽しい遊びではなかったでしょうか。

仕事でも勉強でも、やらなければならないことはわかっているし、やったほうがいいこともわかっている。しかし、なかなか集中できない理由は単純明快です。それが楽しくないからです。

人間は、楽なほうに流れる性質を持っているため、楽しくないことを血のにじむような努力で達成するということは、相当強い信念がなければできないのです。

それなら、仕事や勉強でやらなければならないとわかっていることを、自分で遊びだと思って、楽しくアレンジしてしまえばいいのです。

私の場合は、自分で制限時間を設定して、その時間内にここまで終わらせるように、仕事を勝手にゲーム感覚で楽しむようにしています。

学生時代に受験勉強をしていたときも、10ページを10分で丸暗記するゲームや、育児中も、冷蔵庫から野菜を出すところからスタートして離乳食を10分で作るゲームなどを、自分で勝手に考えて楽しんでいました。

制限時間を設けるゲームは、時間を意識するようになるため、お勧めです。

また、集中力は長くは続きません。どんなにがんばっても、2時間以上集中していたら、身体のどこかが疲れてきます。ですから、短いゲームを複数組み合わせて楽しむのがコツです。

私の場合は、10分ごとの制限時間でそれを何セットもやることで、あっという間に2、3時間が経ってしまい、自然と仕事も勉強もはかどっていました。

これをやっていると、毎日が楽しくなります。時間という指標があるため、記録を更新したくなります。

そして実際、やればやるほど記録は更新されていくのです。もうこれが限界か、と思ってから、何度も自己最高記録を更新したことがあります。

これは、「できる」経験の積み重ねとしても役立つし、もうこれで最後か、ここが限界か、と考える必要がないということを身体で覚えていくことができるため、無理なく幸運体質になれるお勧めの方法です。

ほとんどのゲームは、時間制限があるか、スコアを競うものです。人がこれに熱中するのは、楽しいからです。

仕事は、売上げのスコアを上げるゲーム。勉強も、点数を競うゲーム。育児も、赤ちゃんを何回笑わせることができるかを競うゲーム。そう思うと、何でも集中することができます。

〝何でもゲーム化作戦〟を、ぜひ、今すぐはじめてみてください。

チャンスは二度とやって来ない

幸運体質になるために必要なことはたくさんあって、今までいろいろとお話ししてきましたが、**実はもっとも重要なのは「スピード」**です。

とくに、インターネットが普及してからの情報化社会においては、スピードは何よりも大切です。

物価がまったく上がらなかったこの20年で、社会は何もかもが変わりました。

その結果、より個性的な生き方ができる時代になってきています。個人が、能力と度胸だけで世界に打って出られる時代になっているのですから、幸運体質になるだけで、どれだけ暮らしを変えられることでしょうか。

このすばらしい時代に、幸運＝チャンスをつかむためには、以前にも増してスピードを重視しなければなりません。

私は、ウェブデザイナーになろうと決めてから、たった1日で自分の営業用サイトを作成し、営業メールを出す先を検索で拾ってきて、100通以上それぞれのサイトに合った提案を書いてメールを出しました。

このスピード感のおかげで、初仕事でNTTの案件をいただくことができ、フリーランスのウェブデザイナーとしてデビューしました。まさにスピードだけで、最初のきっかけをつかんだのです。

NTTの仕事をくれたエージェントからは、この後も何度か仕事をいただき、担当者とも、世間話までする仲になりました。その中で、私がどうして仕事を得られたのかを聞く機会がありました。

まず、第一の幸運は、案件案内の一斉メールが来たことです。

普通は、そのエージェントで仕事をしたことがあるベテランデザイナーにしか、NTTの仕事など依頼することはありません。

ところがそのときは、プログラムができる人がいなかったため、たまたま私にメールが送られてきたのです。

もし、実績URL用のサイトをひとつ作るのに何ヶ月もかかっていたとしたら、依頼のメールは来なかったはずです。

第二に、普通は何人か応募があってからコンペ形式で競い合わせて、仕事を頼む相手を決めるのですが、このときは納期が迫っていたところに私が一番乗りで、もう完成したも同然のプログラムを送ったため、思わず飛びついてしまった、ということでした。

サンプルを作って送ったのは私だけだったらしく、サンプルを見せられたら、本当にできるかどうかすぐに判断がつくため、仕事の実績はなかったものの、頼んでみようと思ったのだそうです。

労力を惜しまず、しかも誰よりも早く応募メールを出したことで、その後の実績となる仕事が得られたわけです。

第三に、普通は3日でやってくださいと言って、「できます」と答える人はいないそうです。「できます」と私が即答したお陰で、本当に安心できた、と言っていただくことができました。3日でできるというスピード感覚を持っていたからこそ、「できます」と言うことができたのです。

このように、3つの偶然が重なって、初仕事としてNTTの仕事が取れたことは、本当に幸運でした。

この仕事がなければ、私は在宅月収最高200万円のウェブデザイナーにはなれなかったはずです。

この時点で、フリーのウェブデザイナーになろうと思いついてから、まだ数ヶ月しかたっていませんでした。

まず、勉強してからやろう、資格を取ってから動こう――そんな悠長なことを言っていたら、たちまち競争からは取り残されてしまいます。

とくにインターネットの普及によって、社会は激変しました。前の時代の常識をいつまでも引きずっていたら、「浦島太郎」のようになってしまうことでしょう。

とにかく、チャンスが来たと思ったら躊躇をしないこと。完成度よりもスピードを優先することで、チャンスを次々につかみ取ることができます。

実績もない自称ウェブデザイナーが、最初にいただいた仕事がNTTだったという幸運は、スピードがなければ決してあり得なかったことなのです。

そして、この仕事が足がかりとなって、次の幸運を手に入れることが可能なステージに登ることができたと言えるでしょう。

5章

口癖でわかる幸運体質

自分は、いつも運がいい

私は、子どもの頃から本当に運がよく、友だちからも「運がいいよね」「ずるいよ」「運だけで生きてるでしょ」などと言われてきました。

でも、それは今思い返してみると、現実に運がよかったからというより、**他の人より「運がいいと感じる力」が強かった**ためではないか、と思います。

異性に告白する前に、まるで、観音像のように私に祈願しに来る友だちや、運がよくなりそうだからと言って、私に触っていく友だちまでいました。

私自身も、「自分は本当に運がいいんだ」と信じ切っていました。それは、友だちからよくお礼を言われていたからです。

「一緒にいたら運がよくなった」、「触らせてもらったからうまくいった」などとお礼を言われるのです。

そのうち、あまりにも頻繁にそう言われるため、私と一緒にいると運がよくなるんだよ、と自分から言うようになりました。

ところが、大人になってから聞いてみると、成功している人は１００％、「私は運がいい」と言っています。

それで、最初から運がいい人だからではなく、「運がいい」と口癖のように言っているから運がよくなるんだ、とあるとき気がついたのです。

実際、冷静に考えてみると、両親がそろった家庭で暮らせなかったり、住むところを転々としなければならなかったり、転校した先で暴走族に狙われるなど、感じ方によっては、むしろ私は、運が悪い部類だったかもしれません。

それでも、「運がいい」という言葉を繰り返していたら、しだいに幸運な出来事ばかりが起こるようになっていったのです。

「運がいい」は、大事な呪文です。物心ついたときから、「私って、運がいいから」と口癖のように言っていたからこそ、今があるのでしょう。

「運がいい」と、いつも言い続けていると、やがて本当にそうなります。ぜひ、試してみてください。

初めは、何の根拠がなくてもいいので、心からそう信じて、「私は運がいい」と言い続けましょう。

たまたま、助けてくれる人が現われて……

過去に、危機に直面した回数が多いほど、問題解決力や瞬時の判断力が磨かれて、幸運体質になっていきます。私はこれを、**「場数を踏む」**と表現しています。

場数を踏んでいるのに、運よく毎回、誰かが助けてくれて難を逃れることができる――これが幸運体質の人の特徴です。

このように言うと、まるで「最初から運がいいからだ」と思われがちですが、それは違います。

危機に直面することは、誰にでもあります。しかし、そこから逃げずに立ち向かう人と、問題を先送りにする人がいるのです。

幸運体質の人は、確実に前者です。そのため、危機に直面したと自覚する回数は、平均よりも多くなります。

そして、前章までの幸運体質になるためのちょっとした習慣や考え方の積み重ねをしていると、自然にまわりの人が手を差し延べてくれるようになるのです。

成功できるかどうかは、応援してくれる人の数で決まると言われています。

幸運体質の人もまた、応援してくれる人が多い人です。そして、困難に立ち向かうたびに、あなたを応援してくれる人の数が増えていき、さらに幸運体質になっていく……ということなのです。


見る方向を変えると、運がいい人と普通の人の考え方の違いも浮き彫りになってきます。

ここに、まったく同じ困難に直面した2人がいたとします。Aさんは超幸運体質、Bさんは普通体質だったとします。

そして、まったく同じようにCさんが2人に手を差し延べました。

Aさんは、Cさんの力を借りて困難に打ち勝ちますが、Bさんは、Cさんの援助に気づくことなく、自分にはこの状況を打破するのは無理だと言って、逃げてしまいました。

数年後、Aさんは次の困難に突き当たり、今後はDさんが助け船を出しました。AさんとDさんは、力を合わせて困難を乗り切って祝杯をあげています。

一方のBさんは、あいかわらず俺はついていない……とつぶやいていました。

こんな光景は、容易に想像することができます。

差し延べられた手に、気づくことができるかどうか?

いつも、助けてくれる人がいることに目を向けているかどうか?

違いはそこだけなのです。

何度も気づいてもらえないと、「助けは要らない」と思われて、しだいに手を差し延べてくれる人が減っていきます。チャンスも同じです。**自分は運がいいと思っている人は、チャンスや援助、そしてまわりの人の温かい心などが敏感に感じ取れる人**です。そして、誠意を持って、それに対応できる人なのです。

もうひとつ言うと、うまくいった原因を自分の手柄だと思う人よりも、まわりの人が助けてくれたお陰と言う人は、幸運体質度が高いと言えます。

客観的に見ると、「成功の要因は、本人の努力が99%」だったとしても、応援してくれる人がいなければ、幸運がやってくることはありません。

そして、どんな小さな援助にも、**「あなたのお陰」**と思える人には、誰でも援助したいと思うものだからです。

あらためて、まわりを見回してみましょう。いつもあなたを助けてくれている人が本当はたくさんいたのだと気づくことができれば、幸運体質に一歩近づくことができます。

会話の中に、よく数字が出てくる人

誰かと会話をしているとき、こちらが投げかけた問いに対して、答えが的確な人と意味不明な人がいます。

的確な返答ができる人は、相手が何を求めているのかを知ろうとする姿勢がある人で、意味不明な返答をする人は、相手の求めていることよりも、自分が話したいことを話してしまう人です。

どちらが幸運体質かは明らかです。

人は、気づかないうちに、ついつい自分本位になってしまいがちですが、相手が何を求めているのか、何が知りたいのか、どのような答えを期待しているのか、を常に考えながら会話をするべきです。

そのために、気をつけなければならない最重要事項は「数字」です。

人との会話の中で、何か自分の知らないジャンルの話が出たとき、まるで取っかかりがないと、なかなか理解することができないため、全体を把握するための目安の数字が知りたいと思うことがあります。

そのため、「いっぱい、少し、だいたい」といった、その人の主観に頼った表現ではなく、「10個前後、3年後、58％くらい」などと、具体的な数字を入れて話をするように心がけましょう。

そうすると、相手はこちらの知りたいことを簡潔に知ることができるため、相手のためになります。

そして、相手のために会話ができる人は、「幸運体質度が高い」と言えます。

主観による表現では、相手は理解することができません。必ず、比較できる対象とともに出してあげるのが親切です。

よく、インターネットの販売ページなどで、商品の写真が掲載されていますが、実際の大きさがわからないものが多い中、隣にペンや煙草を置いて、それらと比較できるようにしているものがあります。あれは、とてもわかりやすくて親切です。

同じように、会話をしている相手がわかりやすくなるように、という視点で、数字を入れていくようにするのです。

たとえば、私が運営している携帯アフィリエイトのオンラインスクールの受講生は、「女性が多いですよね」と言われます。

なかには、ほとんど女性ばかりだと思っている方もいますが、実際に比較すると、他のスクールに比べて、たしかに女性が多いのです。

そこで私が、「そうなんです。女性がいっぱいいるんですよ」と答えたら、相手は1000人中900人が女性だと認識するかもしれません。

ところが、実際の女性比率は35％です。この数字を出すと、「えっ？　そんなに少ないの？」と言われます。女性が多いと期待して入会したのにがっかり、という方がいるかもしれません。

私は、他のオンラインスクールの女性比率が10％以下だということを知っているので、35％は多いと感じています。

しかし、会話をしている相手は標準値、平均値を知らずに、感覚的に多い少ないという話をしている場合がほとんどです。

ですから、正確な情報を伝えるためには、比較検討できる数字と実数を、それぞれ提示してあげるべきでしょう。

「多い、少ない」と言った感覚は、人によってさまざまだからです。

私のスクールでは、携帯サイトの作成方法を教え、いくつものサイトを作成する中で、作成スピードと精度を上げていただいています。つまり、たくさん作って練習をするわけです。

この文章を読んで、「たくさんとはどれくらいか」は人それぞれです。

そのため私は、何時間かけて何サイト作って、平均副業月収はどれくらいになり、それを維持するためのメンテナンスにはどれくらいの時間がかかるのか、塾生の平均値を公表しています。

そのため、スクールのウェブサイトを見ただけで、得られる結果が想像しやすくなり、広告宣伝費をかけなくても、受講生が自然に集まってくるのです。

今日から、いつも数字を意識するようにしましょう。

「ありがとう」と言う回数

ハワイで伝統的に行なわれてきた、「ホ・オポノポノ」という癒しの手法があります。これによると、「ありがとう」「ごめんなさい」「許してください」「愛しています」という言葉を繰り返し口にすることで、問題が解決すると言われています。

この話を聞いたとき、私は「なるほど！」と思いました。「ありがとう」と「大好き」を口にする回数が多いほど、幸運体質に近くなる、と常々感じていたからです。

今度、意識して丸1日で「ありがとう」を何回言ったか、数えてみてください。たとえば、1日に100回以上「ありがとう」と言っている人は、幸運体質度が高いはずです。

3章で、「30人以上の人と毎日話しましょう」と述べましたが、100回以上「ありがとう」を言っている人は、30人以上の人と話している可能性が高いのです。いくら何でも、1

日に同じ人としか会わない生活の中で、毎日100回も「ありがとう」と言えるはずがないからです。

このように、すべての事象はつながっていて、幸運体質に導かれていくのです。

「自分は運がいい」と口にする人と会話をするとき、私は「ありがとう」の回数を、こっそりと数えるようにしています。すると、運が悪いという人と比べて、10倍以上の「ありがとう」が出てきます。

ほんの20分程度の会話の中に、18回も「ありがとう」が出てきた人もいました。

そして、これがその人の幸運体質を作っている要素のひとつだと確信したのです。

たいしたことがない行為や当たり前の行為に対して、「ありがとう」と言われると、「いえいえ、とんでもない。当たり前のことをしただけです。こちらこそ、ありがとう」という気持ちになります。

「ありがとう」と言ってくれる人と一緒に仕事をしていると、自然にこちらから「ありがとう」と言う回数が増えていきます。

実は、「ありがとう」とか「感謝しています」という言葉が本当に威力を発揮するのは、心の底から本当に感謝したとき、本当に「ありがとう」と思ったときだけだと思っていました。

ところが、それほど心の中で思っていなくても、ただ口にしているだけでも、どんどん運がよくなっていくのです。

また、「ありがとう」を口にしているうちに、最初はそれほどではなくても、徐々に心から感謝の気持ちが湧いてくるようになります。

また、こちら側から先に感謝を示すと、相手も感謝を示してくれるようになります。それが善循環となって、「もっとしてあげたい」と自然に思うようになります。そして、自然に幸運体質に変わっていくことができるのです。

親しい者同士だと、照れくさくて「ありがとう」と言えなくなるものです。

まずは、初対面の人やまったく関係のない人に対して、「ありがとう」を言う練習をしてみましょう。そのうち慣れてきて、照れくさくなくなります。

日常のほんの小さな出来事に、感謝の言葉を言える人が幸運を引き寄せるのです。

「できる」と言う人

私は、フリーランスで仕事をしているとき、仕事を依頼されたら100%、「できます」と答えていました。これが、もっとも早く強く幸運を引き寄せた要因のひとつだと思っています。

仕事を頼むと、3通りの人がいます。

「できません」と言う人。

「やってみないとわかりません」と言う人。

「できます。やります」と言う人。

あなたは、どのタイプでしょうか?

私は会社を経営していますから、仕事を依頼する立場です。以前は、仕事をいただく立場でした。

今こうして、仕事を依頼する立場になってみると、自分がたいしたスキルもなく経験も浅いにもかかわらず、仕事がいただけた理由がわかってきました。「できます」と言って、本当にやり遂げる。この繰り返しによって、信用を得てきたのです。

どんなにすばらしい才能があっても、仕事を頼みたくない人もいます。もったいぶる人や恩着せがましい人、労力を惜しむ人などです。

何でも「できます！　やらせてください」という人のほうが、気持ちよく仕事が頼めるし、何かお得な話があったときには、ふだんから感じがよくて頼みやすい人に、真っ先に声をかけるはずです。

本当は簡単にできるのに、価格を釣り上げるために、「どうでしょうね。やってみないと何とも言えませんが、かなりたいへんな仕事ですよ」などという反応をされると、〝信用できない人〟という印象を与えてしまいます。

「やってみないことには、どうにも予測がつかないんですよ」などと言う人は、あまり乗り気ではない、という印象を与えます。

そうすると、次に割のいい仕事があっても、その人に頼むことはありません。何度も何度もそういう反応だったら、こちらも頼みづらいし、話していても楽しくないため、しだいにその人を遠ざけるようになります。

「できません」と即答する人は、できないのではなく、やりたくないのだと思います。ですから、ろくに検討もせずに「できません」と答える人には、二度と頼むことはありません。

つまり、**「できます！　やります！」と言うだけで、幸運体質度はかなりアップする**のです。

もちろん、言ったからには死ぬ気でやり遂げなければなりません。

私が会社を起こして丸5年が経ちましたが、何度もさまざまな仕事に対して募集をかけてみてわかったことは、仕事ができる人というのは100人に1人程度ということです。

応募してくる人の7割は、自分に何が求められているのか、ということすらわかっていません。ただ、お金がほしいから応募してくるだけです。

求人広告を見て仕事に応募する際、あなたはどのような基準で会社や仕事を選んでいるでしょうか。

単に、場所が通いやすいとか、時給がいいとか、そういった理由だけで選んではいないでしょうか。

募集している相手の立場だったらどうか、と考えて受け答えができる人が、仕事のできる人です。そして、仕事のできる人には、次々に幸運が舞い込んで来るのです。

「御社の求めているのはこういうことですか」と確認したうえで、「それでしたら、私はこういう方法で御社のお役に立てると思います」と提案するだけで、あなたも上位1％の仕事のできる人になれます。

ですから、**いつでも「できます。やります。やらせてください」と答えられるようにしておきましょう。**

そして、「やります」と言ったことは必ずやり遂げ、「できると思ったらできた」という体験を増やしていくのです。

「なるほど」と言う人は誠実と思われる

相手の話をよく聞いて、それについて考えているという合図が、「なるほど」という言葉です。

よく、人が話しているのを遮って、自分自身の話をはじめる人がいますが、それと比べたらどうでしょうか？

また、何か言うたびに「でもね」と反論してくる人もいますが、常に「でも、でも」と言われ続けたら、人はどう感じるでしょうか。

自分の話に無反応な人や、反論しかしてこない人より、「なるほど」と、いったんは同意を示しながら聞いてくれる人のほうが、好印象が残せるはずです。

イソップの寓話『北風と太陽』をごぞんじでしょう。

強引で、冷たくて厳しい態度では人を動かすことはできず、かえって頑なになって拒むようになり、暖かく優しい言葉や態度を示せば、自分から行動してくれるという教訓を含んだ話です。

この寓話は、人間関係のすべてに当てはまる基本です。

相手に何かをしてもらいたいとき、「それくらい当然」と思って頼むのと、「してくれたら、本当にうれしい」と思って頼むのとでは、相手のＹＥＳを引き出せる確率が格段に変わってきます。

人の話をよく聞いてあげること。

「なるほど」といったんは同意してあげること。

相手の主張を、気がすむまで聞いてあげること。

この3つを心がけていると、「この人は話を聞いてくれる人だ」という安心感と信頼感が相手の心の中に芽生えます。

ふだんから、信頼できる人と思われていれば、何かあったときでも、こちらの言うことを聞いてもらえるものです。

どうしても同意できないような内容であったとしても、いったんは、「なるほど」とあいづちを打ってから、その考えが本当に正しいのかどうか、相手が考えるきっかけになるような質問を投げかけてあげるといいでしょう。否定するのではなく、質問をするのです。

質問に答えていくうちに、自分の間違いに気づいてくれる人もいます。そのときは気づいてくれなくても、質問された内容は、相手の潜在意識の中に刻み込まれるため、あるとき気づきが訪れる瞬間がくるかもしれません。

質問を投げかけても、自分の間違いに気づかない人に、「でもね」「それは違うよ」と言っても、よけいに反発されるだけですから、気長に「なるほど」と言いながら、相手が自発的に気づくのを待つのです。

このように人に接していると、相手に好印象を与え続けることになります。

そして、ふだんから人に好印象を与えていると、幸運も舞い込んでくるようになります。

「すごいね～！」と言える人

ほめることが大事とよく言われますが、実際はなかなか難しいものです。
ついつい、相手の欠点ばかりが目についてしまい、私自身もほめるよりも先に、文句を言ってしまうことがよくあります。とくに、親しい間柄ではなおさらです。しかし、そうすると物事はうまくいかなくなります。

相手を認めて、心から「すごい！」と思える自分になる――これは、一種の修行です。
自分のレベルが低いうちは、他人のすごさに気がつかないため、自分自身が一番すごいと思いがちですが、これは、自信ではなく傲慢です。

自信は、自分の内側に向けられるものであり、自分への信頼であるのに対して、傲慢は他人に向けられます。自分と他人を比較して、自分のほうが相対的に優れていることを確認し、他人を見下す行為を傲慢と言います。

自信は、誰もが持つべきですが、傲慢はすべてを台なしにします。

私は10代の頃、本当に〝井の中の蛙〟でしたが、「自分が一番すごい！」と、心の底から信じていました。

そして、「他の人はどうせみんなできないのだから、自分がやってあげなければ、とてもみんなの手には負えないだろう」などと、何に対しても「自分が、自分が」という意識を強く持っていました。

長女だったからかもしれないし、母親から「できて当たり前」と言われ続けた影響もあるのでしょう。妹や弟が失敗をすると、必ず私の責任になったことで、妹や弟が失敗しないように、常に気を配る必要があったのです。

このようなことから、「私は何でもできて、みんなは何もできない」という、間違った認識を持ちはじめたようです。

思い上がりも甚だしいのですが、クラス内のテストの平均点が悪かったことさえ、「自分が、もっとできない子を指導してあげなかったせいだ」と強く責任を感じていたほどです。

そういう心境のときは、物事はうまく回りません。「自分は、こんなにがんばっているのになぜ？」と思うことがひとつでもあるとしたら、それは自分自身の傲慢さが原因かもしれません。

大人になって環境が変わり、より多くの人と接するようになり、少しずつ自分の意識の間違いに気づくようになりました。

世界は広い、自分は小さい、知らないことは山ほどある。また、すごい人は大勢いて、私がお節介を焼かなくても、みんな本当は自分で何でもできるんだ、と徐々に気づくことができるようになりました。

知り合う人知り合う人、みんな私ができないいろいろなことができて、「本当にすごい！」と思えるようになりました。

「すごい、すごい〜！」「それどうやるの？」「どうやって覚えたの？」「どうしたらできるようになるの？」と連発していたような気がします。そうしたら、すべてが次々とうまく回りはじめたのです。

他の人がすごく見えたとすると、それは自分がそれだけ成長したということなのです。

自分1人でがんばっていても、限界があります。**自分のまわりにたくさんいる、すごい人たちを認めて味方につけてしまうことで、今までの何百倍も幸運が訪れる確率が高まります。**

自分の子どもに対しても同じです。

「すごい！」と子どもに言ってあげるだけで、「がんばりなさい」「早くしなさい」「宿題やったの？」と言うことの何十倍もの効果があるのです。

ある恋愛研究家の方にお聞きしたのですが、女性が男性にモテるためには、「すごい」を連発すればいいのだそうです。

男性は、「すごい」とか「こんなのはじめて」と言われると、相手への好感度がぐんとアップするそうです。

つまり、子どもにも異性にも効く言葉だということです。

人を喜ばせると、幸運度が増すのは当たり前です。

「すごい！」は、みんながいい気持ちになる魔法の言葉なのです。

6章

幸運体質な人の考え方

お金に対する考え方

あなたは、お金について、自分がどんな考えを持っているかを真剣に考えたことがあるでしょうか。

生活するためにはお金が必要だから、仕方なく仕事をしているとしたら、幸運体質からは遠ざかります。

私は、**「お金とは、自分が求める価値を最大限に得るために必要なもの」**と考えています。

逆に、自分の持てる価値を、最大限に提供することでお金が得られるため、**自分自身の価値と等価交換できるものがお金**、と考えています。

幸運体質の人は〝**お金に好かれる**〟という特徴があります。それは、お金を単なる生活の糧、時間と引き換えに「もらうもの」とは思っていないからです。

お金は、「自分の求める価値」と交換するためのものさしなのです。

そして、お金を得るためには、時間ではなく成果と交換します。

以前、弊社のスタッフで、「何も考えないで、ただ座っているだけで時給がもらえる仕事がいいです」と言って辞めていった人がいます。

能力はあるのに、それを発揮するのが面倒だったのでしょう。生活のために、お金は必要だから仕方なく働いているけれど、できれば専業主婦になりたいと言っていました。ご主人のお給料が高ければ、仕事はしなかったそうです。

そのスタッフに対して、就労時間内にある講座を受講するための費用として、20万円を出してあげたことがあります。もし私だったら、そんなことをしてもらったらすごくうれしいので、当然喜んでくれるだろうと思っていたところ、「自信がありません。とても覚えられないと思います」と言われ、たいへん驚きました。そのスタッフは、「何で、そんなことをしなければいけないのだろう」と思っているようでした。

ふだんは、できるだけ何も頼まれないように、下を向いて私と目を合わせないようにしています。名前を呼ぶと、「あ～あ、来ちゃったよ」と、露骨にうんざりした顔をします。こちらも、だんだん頼むのが面倒になって、何も言わなくなってしまいました。

これでは、幸運が横を通っても、素通りしてしまいます。

幸運体質の人が働くのは、生活費を得るためではありません。

なりたい自分になるためのワンステップ、新しい経験をして、ワクワクすることを見つけるために働くのです。

スタッフを採用するときに顕著なのは、仕事ができる人ほど、給料はいくらか、有休はあるか、残業がないか、などの質問をしてこないことです。

仕事ができる人は、どんな結果を得ることを期待されているのか、仕事の本質、もっと効率のいいやり方はないか、仕事に役立つ基礎的なスキルは何か、何を勉強しておけばさらによい成果が出せるかなど、そういったことを質問してきます。

そして、仕事ができる人は幸運体質であることが多いため、新しいチャンスが巡ってきて、その結果として収入もたくさん得られるようになります。

成果を出せば、お金は必ず入ってきます。そして、成果を出すためには、日常的にスキルアップし続けていることが重要なのです。

成果を出しさえすれば、お金はいくらでも入ってきます。ですから、お金を得られることに誇りを持ちましょう。

それは、**自分自身が成果を出したという証拠**だからです。

これからは、時間を売るのではなく、成果を売ってお金を得るようにしてください。

今すぐ考え方をチェンジして、幸運を手に入れましょう。

仕事に関する考え方

20代の頃、私は生活の中で体験することのすべてを、「仕事＝収入に結びつかないか」という視点で見ていました。

たとえば、私が20歳のとき、親が4匹の室内犬を衝動買いしてきて、私が世話係になりました。予防注射に連れて行った病院で、一度は子どもを産ませないと子宮の病気になりやすいと聞き、早速交配させることにしました。

交配料は5万円で、生まれた仔犬は1匹5万円で引き取ってくれます。そこで、自宅でブリーダーとして副収入を得る職業があることを知りました。

ペットブームが来る前でしたが、仔犬の世話をしてみて、これは楽しいし、新しい経験だから本気でやってみようと思うようになりました。

最初に交配したヨークシャーテリアは6匹の仔犬を産み、30万円で引き取ってもらいました。しかし、ペットショップでは1匹15万円で売られています。直接販売すれば、10～12万円にはなるでしょう。

そこで早速、フリーペーパーや犬の雑誌に広告を出し、次の交配時は1匹8万円で個人の方に直接販売しました。

そしてその方に、一度は出産しないと子宮の病気になりやすいからという説明をし、1歳をすぎたときに交配をお勧めしました。フランチャイズの真似ごとです。

交配先が増えれば増えるほど、私は販売だけに注力すればすむようになり、しだいに手間はなくなっていきました。さらに、ペットブームの波に乗って、犬の値段が当初の倍近くまで高騰しはじめていました。

月額利益は20～30万円程度でしたが、大学生の副業としては、まずまずでしょう。

何度も交配すると、犬の寿命が短くなると聞いて3年で撤退しましたが、この経験は、私の初めてのビジネス体験として貴重なものでした。資本金なしで、ビジネス感覚を磨くことができたからです。

その後、カントリーブームがやってきたとき、インテリアが好きな私は、部屋の写真を雑誌に投稿するうちに、「個人でもカントリー雑貨を販売することができるかもしれない」と思いつきました。

そこで早速、海外旅行のついでに仕入れてきたものや自作の雑貨を、試しにフリーペーパーで販売してみることにしました。今のようにインターネットなどはありませんから、マーケティングテストは、フリーペーパーか雑誌広告しかありません。

無料か、安価で掲載できるその他の媒体を、生活の中で常に探していました。

銀行やスーパーの掲示板も活用したし、雑誌にはできるだけ写真や記事を投稿して、新しい人脈ができる可能性を探しました。

フリーマーケットやデパートの手づくり展にも出して、どの商品が反応があるかをテストしました。

しかし、思っていたよりも資金が必要で、利益率が低かったことや、ブームが過ぎるのが早そうな予感がしたため、商品を売るより手作り雑貨の講座を開いたほうがいいと判断し、方向転換をしました。

しかしこのときも、趣味で使うお金を資金にして、マーケティングテストができたうえ、何もしなければ、ただの浪費で終わった趣味が収益に変わったのです。

まだ学生だったため、月額の平均利益は10万円強にしかなりませんでしたが、何もしなければマイナスだったわけだし、何より新しい体験ができたのですから、こんなにお得なことはありません。

このように、日常生活のすべてを仕事になるかどうかという視点で見ていくと、思わぬところにチャンスがあることがわかります。

仕事は、会社にいる間だけするものではありません。自ら見つけるものです。

いつも、生活の中で「目の前にあって、今できること」を次々とやってきただけなのに、経験もお金もどんどん蓄積されていきました。**過去の経験は、次に何かしようとするときに正しい判断をするためのネタのストック**です。

ビジネスの種を見つけること、マーケティングの視点を養うこと、これが私にとって一番楽しいことでした。

そのため、映画を観に行っても、映画の内容より、どれくらいお客さんが入っているのか、どういう広告の方法をとっているのか、どれくらい反響があったのか、といったことのほうに関心がありました。

また、書店に行っても、平積みされている本がなぜ平積みされるに至ったのか、が気になりました。

仕事の時間とプライベートタイムを、きっちりと分けて考えるのではなく、日常生活のすべてが仕事に直結しているし、趣味で習得したものをビジネスに活かせないかと考えると、できることが一気に広がっていきます。

プライベートに対する考え方

私は、何でもすぐに仕事に結びつけられないかを考えてしまうため、純粋な趣味というものがありません。

それは私が、趣味でおぼえたことは何でも、**「人に教える」という仕事**につなげてしまうからです。

最初からお金を取って教えなくても、わかったことや覚えたことを、片っ端から人に教えていると、仕事としての講師の依頼が、必ず向こうからやってきます。

私は、昔からこの方法で、資金なしで、趣味を仕事に変えてきました。

今はスピードの時代なので、何でも1年もあれば習得できることがほとんどです。

カルチャーセンターでは、次々に目新しい講座を求めているし、海外で流行っていて、まだ日本で知られていないものがあれば、いち早く覚えて人に教えることを繰り返していると、趣味と仕事の両立が可能になるのです。

私のプライベートは、いつも仕事につながる情報収集と、楽しいことを発見して、それをどう仕事につなげていくかを考える時間に充てています。

単なる娯楽ではなく、自分自身のレベルアップにつながる趣味をたくさん持てば、幸運度も必ずアップしていきます。

では、ゲームは娯楽だから時間の無駄？　映画や漫画は？　音楽を聴くことは？　と疑問が生じるかもしれませんが、何であれマーケティングの視点を持って楽しむことによって、建設的な時間に変化します。

この歌のどこが好きか？　最初に聴いたのはいつどこで？　どんなときに聴くのか？　などといった具合です。

そこで磨いた感性は、いずれ仕事に役立つときがきます。そこから、どんな幸運につながるかはわかりません。

プライベートな時間も、趣味を楽しんでいるときも、いつも仕事のことを考えているくらいの人のほうが、幸運を引き寄せやすいのです。

なぜなら、新しいビジネスアイデアは、関わる人に利益を与えるからです。

あなたも今すぐ、プライベートでやっていることでビジネスになるものがないかを探してみてください。

7章

1日を29時間にして幸運になる

無意識に使っている時間をピックアップしよう

あなたには、毎日の1分は2ヶ月で1時間、という認識があるでしょうか。

もし、友人と待ち合わせをしていて、時間より3分早く着いてしまったら、あなたならどうしますか。また、出かける前に、5分早く支度が終わってしまったとしたら？

さらに、仕事が終わったものの、終業時間まであと1分あったとしたら？

ふだん生活をしていると、このような隙間時間は山ほどあります。あなたは、〝たかが1分くらい〟と軽く見ていないでしょうか？「たったの3分じゃあ、何もできない」と思い込んでいませんか。5分のんびりしようと思って、かえって遅刻したりしていないでしょうか。

このように、日常生活の中で無数に生まれる隙間時間。これらを有効活用したら、どんなことになるかを想像してみましょう。

毎日1分間×10回、ポッカリと空いてしまう隙間時間があったとします。これを1ヶ月分貯めると、どれくらいの時間になるでしょうか？

1（分）×10（回）×30（日）＝300分

何と、5時間もの時間が生まれるのです。

さらに、よく考えてみてください。ただボーッとしているだけの無駄な時間は、1日に1分×10回どころではないはずです。それこそ15分や20分、何もしていない時間は山ほどあるはずです。

この隙間時間の重要性に気づいている人は少数です。誰もが、1分や2分では何もできないと思い込んでいるからです。

1日のうちで、ふいに空いた時間を積算していったら、いったいどれほどの時間が作れるでしょうか？

私の試算では、ほとんどの人が、1日に平均2～3時間は、何もせずに無駄に過ごしていると思います。それに、数分単位の隙間時間も加えたら、確実に5時間以上の無駄になっているはずです。

もし、「そんなことはない」と思うなら、朝から晩まで何か行動を起こすたびに時間を記録してみてください。

先日、ある経営者の会でホテルに宿泊し、翌日9時の勉強会のために何時に起きるか？という話をしました。

ある男性経営者は、「8時半に起きる」と言っていましたが、別の女性経営者が「7時半に起きる」と言うと、「そんなに早く起きて何をしているの」とびっくりしていました。ところが、私が「8時50分に起きる」と言ったら、さらにみなさん、驚かれていました。

私は、朝の支度にはほとんど時間がかかりません。それは、一回きちんと時間を測って、それぞれにかかる時間が、実は短いことを知っているからです。時間がかかっているのは、ぼんやりして何もしていない時間か、動作と動作の間に存在する間《ま》なのです。

私は、朝の10分でシャワーも浴びて髪も洗い、化粧もします。「女性としては、それってどうなの？」という意見もあるかと思いますが、朝の支度に1時間半かける人と比べて、80分も節約できて、その時間を別のことに使うことができます。

私の場合、夜のほうが作業効率がいいため、夜、できるだけ多くのことをしてしまうため、朝は1分でも睡眠時間を多く取りたいのです。

その代わり、夜の入浴時間は、できるだけ長く取っています。半身浴で1日の疲れをとり、同時に瞑想もします。ときには、子どもと一緒に遊ぶこともあります。これは、私にとって重要な時間なので、毎日1時間を割り当てています。

朝の支度が重要な人はそこに時間をかければいいし、自分にとってそれほど重要ではないことなら、可能な限り短縮化することで、重要な時間を捻出できるようになります。

そのためには、現実を把握することが大切です。

今、どういう時間の使い方をしているのかを把握するためには、実際に時間を測って記録することです。

そのうえで、優先順位をつけて、重要な順に時間を割り振るのです。

ぜひ一度、詳細に時間を測ってみてください。間が、あまりにも多いことにびっくりするはずです。そして、「これは無駄だ」という意識が生まれたら、自然に時間を生み出す行動ができるようになります。

「忙しい、時間がない」と言う人でも、この「意識せずに流れていく隙間時間」を使ってなら、何でもできると思いませんか。その時間は、あなたの記憶にさえ残っていない、つまり今まで存在しなかった時間だからです。

隙間時間があなたを変える

私は、時間にルーズなのは嫌いですから、待ち合わせは、相手よりも早めに現地に着くように心がけています。

そのため、友人にも時間にルーズなのが嫌いという人が多いのですが、なかでもAさんは別格でした。

まず、待ち合わせに、相手が遅れてくることが絶対に許せません。そのため、Aさんは必要以上に早く家を出ます。11時の約束で、1時間弱で着く場所だったら、9時には家を出ます。

しかし、たいてい1時間以上早く着いてしまい、暇なので携帯でゲームをしたり、誰かに電話をして暇を潰したり、携帯サイトを見ています。

しかも、9時に家を出なければならないと思うと妙にそわそわしてしまって、7時に起きてしまうそうです。

しかし、出かける時間が気になって、何も手につかないため、やっぱりゲームをしながら暇を潰したり、いっそ思い切って、7時でも8時でも家を出てしまうそうです。

さらに、約束がある日は何があるかわからないため、その約束が2時に終わったとしても、その後の予定は何も入れられません。たった1時間の約束のために、まる1日潰してしまうことになるのです。

Aさんほど、神経の細かい人は少ないと思いますが、日本人の傾向としてこのようなタイプの人は少なくありません。

時間に遅れないようにするのは、すばらしいことです。しかし、もし早く着くのなら、その隙間時間に何か生産性のあること、またはしなければならない雑務を、あらかじめスケジューリングしてやってしまいましょう。

1分、3分、5分と言いましたが、たとえ30分あったとしても、イレギュラーな隙間時間を無為に過ごしている人が多いのが実情です。

このような時間を無為に過ごすということは、1日が24時間でなくなってしまうことと同じです。毎朝、誰かに電話をしなければならない、メールをしなければならないなど、隙間時間にできることをリスト化しておけば、こういった時間をうまく活用することができます。

何もないときには、本を読めばいいのです。その本すら忘れてしまったときは、コンビニで売れ筋商品や陳列の順序をチェックしてみてください。あるいは、自分が携わっている業界の雑誌をチェックするなどの時間に充てることができます。

私は、何もすることがなく手持ち無沙汰なときは、携帯サイトをチェックしています。携帯サイトでアフィリエイト収益を得ているため、検索順位や他のサイトの動向などを、こまめにチェックする必要があるからです。

隙間時間をうまく利用するコツさえ身につけてしまえば、生活は激変します。

「忙しい」と言わなくなり、やることが溜まってうんざりすることもなくなります。

また、つい大事なことを忘れてしまって、他人に迷惑をかけることもなくなります。

1分あればしめたものです。**〝1分でできることリスト〟を、ふだんから作っておいて、時間が空いたら、どんどんそれを実行していくのです。**

たとえば、お礼状を書いたり、誰かに電話をするなど、しなければならないものの、面倒で後回しにしがちなことを、隙間時間に片づけるリストに書いておくのです。

そのために、わざわざまとまった時間を費すのはもったいないことです。1分以内に終わることは、小分けにしてやればいいのです。

ビンに、大きな石と小さな石が入っているところを想像してみてください。先に大きな石を入れてから、隙間を細かい石で埋めれば、ビンの中にはよりたくさんの石が入ります。

しかし、先に小さな石を入れてから、後から大きな石を入れようとしたら入りません。

時間も同じです。まず、大事でまとまった時間を要するものを配置して、空いている隙間時間に、細かな作業をできるだけたくさん詰め込むことで、時間は人の倍以上は有効に使えるようになります。

時間が倍有効に使えるということは、人が1年かかることが、半年でできるということです。

今の時代、早いことは何にも増して重要なスキルです。

隙間時間を有効活用することで、あなたの処理スピードはさらに増していくはずです。

1日5時間増やす方法

自分のことを一番知らないのは、自分自身と言われています。と言うと、ほとんどの人は信じません。しかし、自分がふだん、何を思ってどのように過ごしているのか、客観的に記録してみると面白いことがわかります。

そのとき、ふと思ったことやしていることを、すべて記録してみましょう。まずは、1分単位で行動を記録してみてください。慣れてきたらそこに、思ったことや考えていることを付け加えていきます。

レコーディングダイエットというのが、少し前に流行りましたが、あれと同じ原理です。レコーディングダイエットは、食べたものをすべて記録することで、知らず知らずに食べ過ぎていたことを自分自身で納得して、適正な量に減らすことで痩せるというダイエット方法です。

時間もまったく同じです。自分の行動に何時間かかったのか、事細かく小さなことまで記録してみましょう。
最初のうちは、睡眠7時間15分、夕食42分、入浴35分など、わかりやすいところは記録できるのですが、それらをすべて足しても24時間どころか、その半分くらいにしかならないことに驚かされます。
他の時間は、いったい何をしていたのだろう。そのように意識できたら、あなたは変わることができます。
このようにお勧めすると、ほとんどの人が最初、9時から5時仕事（8時間）というような書き方をします。
しかし、仕事をしている中身もきちんと記録しないと、本当にその8時間、あなたが仕事をしていたかどうかはわかりません。
9：00－9：12　メールチェック（12分）
9：18－9：45　同僚に話しかけられて雑談（27分）
10：00－10：52　会議（52分）
このように、行動をはじめた時間と終わった時間を記録していきます。
そうすると、記録に値しない間の時間にぼんやりしていたり、何となくお茶を飲んでいたり、ネットサーフィンをしていることに気がつきます。

また、次の行動に移るとき、1秒も置かずに移れる人は少数です。必ず、ひと息ついてから次の行動に移ります。そのため、記録に値するアクションとアクションの間に、何となく過ごしている隙間時間が生まれるのです。

この隙間時間が、1日のうちにどれくらいあるか、正確に知ったら呆然とするはずです。ですから、メールひとつ書くにも、時間を計る習慣をつけてみてください。意外に膨大な時間を、メールを書くことに費していることに気がつきます。

パソコンで仕事をしている方はエクセルで記録できるし、外勤の方は手帳やモバイル機器をうまく使いましょう。

これは、永遠にやり続ける必要はありませんが、1日5時間を創出するためには、ある程度長い期間続ける必要があります。

ですから、時間の計測を習慣化することをお勧めします。そうすると、記録できない時間の過ごし方は止めよう、という意識が働くようになるからです。

時間を計りはじめて1ヶ月も経つと、しだいに空白の時間が減っていって、より細かく、自分が何をしていたかを記録できるようになります。

こうして、24時間を改めて見返すと、何もしていない隙間時間は、1日に平均5時間は必ずあります。この空白の時間は、動作と動作の間に無駄に存在する間です。

この時間があることに、今まで気がつかなかったわけですから、なかったに等しい時間が、急にプレゼントされたようなものです。

また、時間を測ることによって、絶対に必要な時間がどれくらいなのかも見えてきます。それは、基礎代謝のようなもので、生きていくうえで最低限、必要となる時間です。

これを差し引いたあとの時間が、私たちが自由にコーディネイトできる時間ということになります。

ここでのポイントは、一つひとつの動作を早くすることと動作と動作の間に存在する間をうまくピックアップすることで、1日に5時間を捻出しようと意識することです。

これを数ヶ月も続けたら、「忙しい忙しい」と思っていたのに、まだこんなに時間が余っていた、ときっとびっくりするはずです。

何でもお金に換算してみよう

時間とお金は、「数字で表わす」という点で共通しています。私は、数学科出身だからというわけではありませんが、何でも数字に換算するのが好きです。時間であれお金であれ、数字にできるものは、何でも同一の物差しで比較することができるからです。

たとえば、覚えたいと思っていることがあったとします。仮に、「速読」だとしましょう。速読を自力で習得するためには、２０００円の本が5冊で1万円と、自主勉強期間が2年必要だとします。しかし、講座に通うと2日間必要で、費用は10万円です。講座受講後、自主勉強は半年かかるとします。

さて、どちらがお得でしょうか?

お金だけで考えると、10万円かかるところが1万円ですむのなら、本のほうが得に思えます。

しかし10万円かければ、2年かかるところが半年に短縮できるため、時間だけを見たら講座に通ったほうが得です。

こういうときに、自分の価値観を落とし込んだ物差しが必要になります。

たとえば私の場合、すべての仕事は出来高制になっています。出来高の仕事というのは、処理スピードによって時給がまるで変わってきます。これは、同じ仕事を同じ報酬でしていても、時給３００円の人もいれば、時給３０００円になる人もいる、ということです。

自分のスピードとスキルによる、時給の目安を知っておくことは大事なことです。

私がウェブデザイナーだったときは、報酬額を聞いてから仕事を受けるのではなく、興味や関心が持てて自分のスキルアップにつながること、という基準で仕事を選んでいました。

そして、報酬が振り込まれた後で、作業にかかった時間を計算して、自分の仕事が時給換算するといくらだったのか、を調査していました。

すると、だいたい平均1時間５０００円以上となりました。

先ほどの速読の件ですが、９万円を節約するために、1年半の間、毎日1時間かけたとすると、３６５日×１・５で５４７時間半です。その間、仕事を受けていたとしたら、時給５０００円で計算して、２７３万７５００円生み出すことができます。つまり、９万円節約して、２７３万円失っているということになります。

その時間、どのみち仕事をしなかったらゼロ、と思われるかもしれませんが、速読を半年でマスターすることによって、次の仕事が舞い込んでくる可能性は非常に高まります。また、速読を2年間でマスターできなかった場合、本を読むのが遅いわけですから、その時間も換算しなければなりません。

私の場合、年間約100冊の本を読みますが、1冊のビジネス書で2〜3時間、小説で5〜6時間かかっています。平均して4時間とすると、年間400時間かかっていることになります。

速読をマスターすると、1冊10分で読めるそうですが、そこまで早くならなくても、半分の時間で読めるようになるとします。すると、1年間で200時間が浮く計算になります。

講座に出て、半年で速読をマスターした場合と比べて、自力で2年かかった場合、1年半分の読書時間を半分にできないわけですから、300時間のロスが生じます。

ここにまた、自分の時間の価値をお金に換算した時給をかけると、たとえば5000円だったとすると、150万円の損失になるわけです。

このように、自分の時間をお金に換算することで、どんなに自分がもったいないことをしているかを明確にすることができます。

私の場合、今は経営者ですから、ウェブデザイナー時代より、さらに1時間当たりの価値は高くなっているはずです。

そのため、経営者はみなさん、移動にはタクシーを使います。これは、贅沢のためでも楽をするためでもなく、移動時間を節約するためです。

その節約した時間にかかったタクシー代よりも、多くのお金を生み出す生産的な活動ができるからです。

よく、タクシーに乗るお金があるなら、少し我慢をすれば、恵まれない人に援助できるとか、そんなお金があるのなら貸してくれ、などと言う人がいます。

しかし、先ほどと同様に計算してみると、タクシーに乗らないことで浮くお金は数千円ですが、その浮いた時間に生み出せるお金は数十万円にもなるのです。

一度、自分の時間の使い方を振り返って、自分の時間の価値を把握しておきましょう。

そうすれば、きちんと、その先に幸運が待っている道を選択できるようになります。

生み出した5時間をお金に換える方法

必ずしも、「幸運＝お金」というわけではありませんが、お金はないよりもあったほうが、幸運に遭遇する機会が増えます。

なぜなら、お金があったほうが、たくさんの人と出会う機会が増えるし、より多くの経験ができるからです。しかも、上質な経験をするためには、どうしてもお金が必要になります。

つまり**お金とは、人生の選択肢を増やすために必要不可欠なもの**なのです。選択肢が増えると、幸運な選択ができる確率も上がるからです。

前章で、自分の時間の価値を知っておくことの重要性をお話ししましたが、時間の価値は経験に比例して上がっていきます。

そのため、数多くの経験をしているほど、時給換算した自分自身の価値は高くなっていきます。

さらに言うと、それ自体に、お金のかかる上質な体験の数が多いほど、時間の価値も高まります。

上質な経験を増やすことを**「自己投資」**と言います。

せっかく、時間の使い方を見直す機会があり、1日5時間も作り出せることがわかったのですから、どうせならこの時間をお金に換えたいものです。

そのためには、2つのアプローチが必要です。

ひとつ目は、**自己投資のために時間を使うこと**。2つ目は、**お金に換えるために時間を使うこと**です。

このどちらか片方だけでは、せっかくの時間も有効に使うことはできません。この両方のバランスを取ることで、もっとも効果的に時間をお金に換え、そのお金をさらに幸運につなげていくことが可能になるのです。

ひと昔前までは、あるスキルを習得するためには10年はかかると言われていましたが、今はインターネットのお陰で、自宅に居ながら何でも早く学べる時代になりました。

私の体験からすると、ひとつのことをマスターしてお金に換えるのに必要な期間は、長く

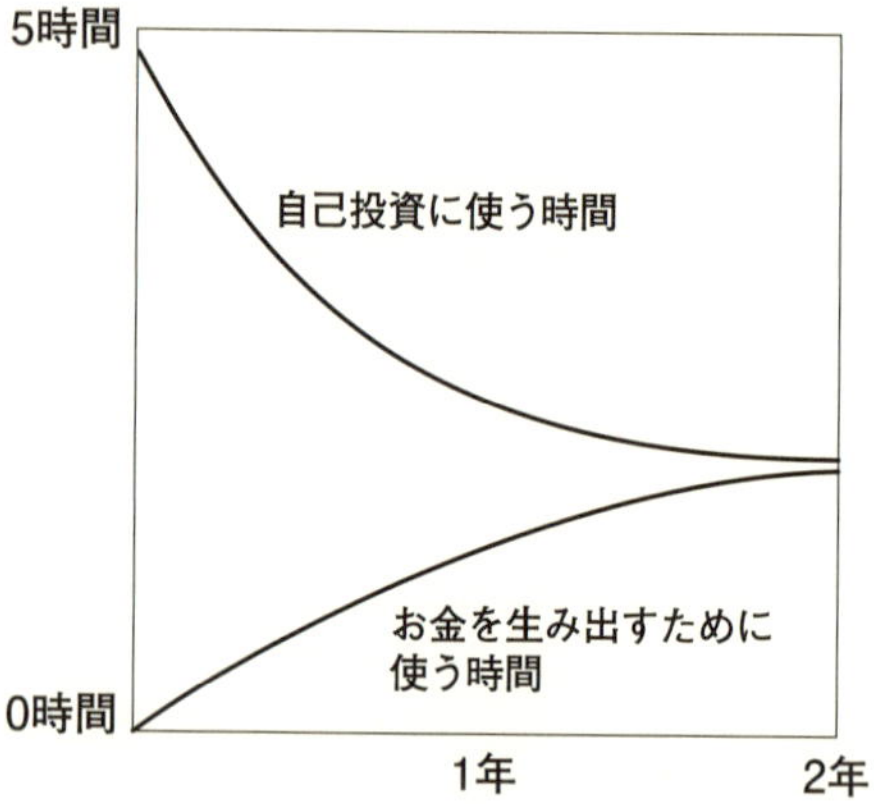

ても2年程度と感じています。

最初の1年間は、覚えるための自己投資に使い、2年目以降、徐々にお金に換えていくというイメージです（上図参照）。

しかし、習得したスキルは永久に使えるというわけではありません。日々変化しているため、お金が得られるようになってからも、浮いた時間のうちの半分は、常にスキルアップを図るための時間に充てるべきです。

自己研磨を怠ると、せっかく習得したスキルも、あっという間に陳腐化してしまいます。習得するのが早いだけに、失うのも早いのが現代社会の特徴です。

自己投資によってスキルアップをしたら、覚えたことを、どんどんまわりの人に教えていきます。最初は、自分のまわりの人にだけ教えますが、これを繰り返していると、あなたの情報を知りたいと思う第三者が、あなたのまわりに集まってくるようになります。

この人たちにも、覚えたことをどんどん教えていくのです。

このとき、あなたはまだ修行中の身であって、人に教えられるレベルではありませんが、そんなことはまったく気にする必要はありません。お金を取るわけではないので、気にせずどんどん教えていってください。

人に教えることによって、あなたのスキルは確実なものになっていきます。また、教え方もみるみるレベルアップしていきます。

何が題材であれ、教え方というのは訓練しだいで上達していくものです。自己満足ではなく、相手に今よりよい状態になってほしいという想いから教えていくようにしてください。

そのためには、自分の言葉を受け止める相手の反応を、じっくりと観察するようにしてください。

言葉は、言葉通りに受け止めてはいけません。

「わかりました」と言っても、わかっていない人もいます。相手が知りたいと思っていないのに、親切の押し売りをしているケースもあります。

本当に必要としている人に親身になって教えることは、幸運体質になるための一番の近道ですが、「ただで教えてやっている」という恩着せがましい気持ちが少しでもあると、相手も「誰も頼んでいないよ」という気持ちになってしまうものです。

そうなると、お互いに〝幸運〟からは離れていくため、注意が必要です。

何を覚えるときにもこういう姿勢でやっていると、スキルをお金に換えるチャンスが、早い段階で必ず訪れます。私は、今まで習ったことや覚えたことを、すべて人に教えることでお金に換えてきました。

そうしようと意図的にしなくても、**「自分の持つ知識を余すところなく、他人のために役立てる」**ということを行動の指針にしていると、自然とお金に換えるチャンスや人脈が向こうからやってくるのです。

外の景色がスローモーションに見えるとき

今までお話ししてきたことをやり続けると、いったいどうなるのでしょうか。

私が心がけてきたことは、どれも特別な才能を必要としない簡単なことばかりです。しかし、そのすべてをやり続けることができる人は多くはありません。

最低でも、これだけは続けていただきたい3つのポイントは、

1　何でも、思い立ったら今すぐやる
2　スキルアップに、時間とお金を惜しまない
3　得た知識は、すぐに人に教える

ということです。

最低でも、この3つを意識的に繰り返していくと、どうなるのでしょうか？

あなたは、時間を有効に使えるようになるだけでなく、スキルの習得スピードが倍増します。そして、まわりの人から感謝されるようになります。

人から喜んでもらえるようになると、こちらもうれしくなるため、モチベーションが上がります。モチベーションが上がると、さらに楽しくなって、苦もなく3つのポイントを強化していくことができるようになります。

そうなると、何も考えないで生きている人の10倍、人生を充実させることができるようになります。

そして、ふと気がつくと、まわりの人がみんなスローモーションで動いているように見える瞬間がやってきます。

「あれっ？　私って加速装置がついていたの？」と思えるほど、自分以外の時間がゆっくりと進んでいることに気がつきます。

無理にがんばって、全速力で走っているわけではありません。当たり前のことを、当たり前に「今すぐ」やっているだけなのです。

こうなってくると、「えっ？　もう終わったの？」「ずいぶん早くない？」といった言葉を、次々にかけられるようになってきます。自分では、格別早くやっているつもりもないし、適当に終わらせているつもりもありません。

こういう状態になったら、もうあなたは、れっきとした**「幸運体質」**と言っていいでしょう。

同じ時間内で、人の3倍から10倍の経験ができて、成果を出すことができるようになります。つまり、スタンダード値が格段にアップするのです。

当然、幸運体験にも、3倍から10倍多く遭遇するようになります。

「あれっ？　だとしたら、不幸な体験も3倍から10倍多く遭遇するんじゃないの？」と思われた方、ご安心ください。それは間違いです。

まわりがスローモーションに見えるくらい自分の処理能力が上がっていると、近づいてくる事柄が、チャンスかそうでないか、瞬時に見きわめられるようになるからです。

「あっ、これはチャンスだ！　いただき〜」

「あっ、これ厄介事だ。避けちゃお〜」

というように、パッパッと判断できるようになります。

スポーツ選手は、動体視力が優れているため、ボールが止まって見える、などと言われますが、それと同じように、幸運体質の人は、時流の流れが適切に読めるようになるのです。

その要となるのが、時間とお金をどううまく使っていくか、ということですが、最初は時間もお金もない状態からスタートするため、まず時間を作ります。

それから、作った時間でお金を生み出していく下地を作ります。これが、前章でご説明した自己投資やスキルアップです。

最後に、自分の中にあるリソースをお金に換えていきます。

得たお金で、さらに幸運を引き寄せるための経験を積めば、雪だるま式に幸運度が増していくはずです。

そして、一度プラスのスパイラルに突入したら、動きを止めてはいけません。

物理学で、「慣性の法則」というものがありますが、動き続けているものを動かすためには、ほとんどエネルギーは必要ありませんが、一度動きを止めてしまうと、また動かすためには膨大なエネルギーを必要とするからです。

そのため、たいへんなのは、プラスのスパイラルを作るところまでです。

一度、幸運体質になってしまえば、それを維持することは簡単なことなのです。

まずは、**「今すぐやる習慣」**からつけていきましょう。

「今すぐやる」の繰り返しで、隙間時間をうまく使えるようになると、あなたは信じられないくらい幸運体質に変わっていくはずです。

8章

刷り込まれた「他人の価値観」をリセットしよう

自分をリセットして生まれ変わる

ほとんどの人は、子どもの頃に習慣化したこと、まわりの大人に教えられたこと、あるいは成長過程で得た常識や思い込みなどを、自分自身の価値観として大人になってからも持ち続けています。

同質な学校教育を受けてきた私たちは、似たような考え方を持っています。そして、それが常識となって、社会の暗黙のルールを作り出しているのです。

たとえば、「悪いことでもしなければ、大金は手に入らない」といった内容の話を、子どもの頃、よく大人から聞かされました。いつもそれを聞かされているため、子ども同士の会話の中にさえ、意味もわからずこういった会話が出てくることになるのです。

無意識に耳に入ってくるこういった言葉は、白い紙にインクが染み込むように、私たちの潜在意識に刷り込まれていきます。

こうして、子どもの頃に刷り込まれた意識は、大人になってからも、私たちの行動に大きな影響を与えます。

営業が苦手な人が多いのは、「他人に物を売りつけて、お金を得ようとする行為」は、何となく悪いことのような意識を持っているからです。

「売りつけて」という表現も、どこかで耳にした言葉が残っていて、無意識に口に出ます。

私は、自分のホームページに広告バナーを掲載して成果報酬を得る「アフィリエイト」というしくみを使って、自力で収入を得る方法を教えているのですが、お金はほしいけれど行動できない人の理由はみな同じです。

「人に物を売りつけるのは気が引けるため、思い切って広告を掲載できない」

「広告を掲載するためにホームページを作るのが、何だか悪いことをしているような気がしてできない」

というのです。

このような悩みは、とくに女性の方に多いようです。

しかし、人が生きていくことができるのは、物やサービスを販売してくれる会社があるからです。その商品をお金と交換し、生活に必要なものを買うことができるからなのです。

つまり、物を売るという行為は生活の基本なのです。それなのになぜ、物を売る行為は気が引けるのでしょうか？

高度経済成長を遂げた日本は、自分で商売をする人を減らし、大企業に雇われる勤め人を増やしました。

日本の人口は、現在約1億2798万人。20歳未満の子どもの数は、約2278万人、60歳以上の数は、約3973万人、雇用されている人は、約5517万人です（総務省「人口推計」および「労働力調査」平成23年2月分より）。

全人口から、就労前と思われる子どもと定年退職後と思われる60歳以上の人の数を引くと、約6547万人。

一方、公的年金への加入状況から見ると、結婚していて働いていない人（専業主婦）は約1092万人ですから、これも引くと、日本においては、約5455万人が働いていることになり、雇用された人の数とほぼ一致します。

つまり、日本ではほとんどの世帯がサラリーマンと言えるわけです。

そのため、日本の学校教育では、社会の歯車となる労働者を育成するためのカリキュラムが組まれています。つまり私たちは、会社に雇われて生活していくのに適した常識を身につけながら、現在まで生きてきているのです。

会社を通じて物を販売して給料をもらうのは、売っているのは会社であって、自分ではないため気が引けることはなく、自分が直接誰かに物を売るのは、自分が儲けていると思われるため気が引ける、というわけです。

これは、〝物を売る〟という行為や、〝お金を得る〟という行為を悪いことだと無意識に思い込んでいるために起こる葛藤です。

しかし、幸運体質になるためには、会社や国、配偶者や親など、とにかく何者かに庇護されて生きる、という考え方を捨てなければなりません。

もちろん、雇用されてはならないということではなく、たとえば就職できない状況になっても大丈夫、という考え方を根底に持つことが大切、ということです。

何が起こっても、自分自身の力で何とかやっていくことができるという自信を持って生きていくことが、幸運を引き寄せるからです。私たちは、本気でなろうと思えば何にだってなることができます。

ハリウッドスターやサッカー選手は別世界の人で、自分とは関係がないと思ってはいないでしょうか。彼らのようになれるのは、元々才能のあるひと握りの人で、自分とは住む世界が違うと考えることは、単なる思い込みに過ぎません。

もし、本当にそうなりたいと思うなら、誰でも、いつからでもなることができるという前提で生きてみましょう。できないと思っていることは、絶対にできませんが、できると思っていることの何割かは、本当にできるようになるからです。

あなたは、自分にできることでも、「できない」と口にするのが、謙虚で正しい態度だと思っていないでしょうか。それもまた、日本人特有の美徳ですが、真実とは言えません。

お金に対するネガティブな思い込み、他者よりも秀でることや自信を持つことをよしとしない風潮――これらは、過去に刷り込まれたものであり、自分自身の価値観とは違うものなのです。

自分の中で、少しでも違和感を感じる習慣や、嫌だけどそうしなければならない、といった決めごとがあれば、それは他人によって刷り込まれた他人の価値観である可能性が高いと言えるでしょう。

その思い込みは、過去に誰かから刷り込まれたものです。あなた自身のものではありません。

あなたが、幸運だと感じられる選択をするためには、他人の価値観をなぞるのではなく、自分自身の価値観で選択して生きていかなければなりません。

他人に刷り込まれた価値感――それがあなたの人生を狂わせるのです。

今すぐ、考えを白紙に戻し、自分自身をリセットしましょう。

3ヶ月で幸運体質を習慣化

〝三日坊主〟という言葉があります。何をしても続かないことのたとえですが、その語源は、朝早くから厳しいお勤めと規則正しい生活、質素な食事といった僧侶の修行は、志しても3日と続かない、というところから来ています。

何かを決めてやろうとしても、僧侶の修行のようにたいへんなものであれば、たしかに3日と続かないかもしれません。

逆に言うと、もし3日続けば、1週間続けることができます。そして1週間続けば、3ヶ月間続けることができます。

そして3ヶ月間続けたことは、習慣として身につきます。だから、最初はたいへんですが、3ヶ月続けるということを意識してください。そうすれば、何でも習得することができます。

幸運体質も同じです。

ふだんの生活習慣が幸運体質を作っていくのですから、意識的に3ヶ月だけがんばって、本書に書かれたことを続ければいいのです。**幸運体質とは、習得できるスキル**なのです。

ラッキーな人、ついている人、運がいい人――みんな、同じ習慣を身につけた人たちです。

たった3ヶ月で幸運体質になれるのであれば、面倒でも試してみる価値はあるでしょう。

一番厄介なのが、幼少期から刷り込まれた思い込み、他人の価値観、歯車として従順に働くことを前提とした常識の数々を打ち壊すことです。

これらは、3ヶ月で完全にリセットすることはできませんが、言葉の上だけでもいいので、

私は何でもできる
私はすごい
私は幸せ
私は運がいい
だから、何をやっても必ずうまくいく

と言ってみることにしましょう。

そうすることで、勝手に「自分の価値観」だと思い込んでいた数々の常識に、少しずつ疑

問を抱くことができるようになります。

まずは、疑問を持ちましょう、自分自身で、それが正しい、当たり前だと思い込んだままでは、改善の余地がないからです。

それから、毎晩眠る前に、どんな突飛なことでも、また今の自分とまるっきりつながらなくてもいいので、「こうなりたい」「こういう自分だったら幸せ」と思うことを想像して書き止めたり、口に出してみましょう。

宇宙旅行をする！

ハリウッド女優になって、映画1本で10億円のギャラを稼ぐ

超かわいい彼女とラブラブ

といった感じで、とにかく〝何でもあり〟です。

できるかどうか、本当にやるかどうかは一切関係ありません。子どもがいるから、結婚しているから、病気だから、背が低いから、太っているから、才能がないからなどなど、つい考えてしまいがちなことは一切無視しましょう。

自分だけの妄想ですから、もしできなかったらかっこ悪いとか、できるわけがないと思われて恥かしいなど、そういった他人の目も一切気にする必要はありません。

これは、必ず眠る前に行なうのがポイントです。寝ている間に、自分が本当に望んでいる

ことが潜在意識に入っていきます。

すると、すでにそこにあった「以前刷り込まれた他人の価値観」に対して、「あれっ？　おかしいな」という疑問が起こりはじめます。

これを毎晩続けていると、わずか14週間で、勘違いを修正して生まれ変わることができるのです。

この14週間という期間は、人によって前後しますが、友人、受講生にテストして出た平均的な数値なので、強力な思い込みがある人以外は、通常14週間続けられれば大丈夫でしょう。

毎日、寝る前に5分間だけ。本当に自分が望んでいて、幸せだと感じられることは何なのか、を考えてみてください。

私は物心ついたときからずっと、眠る前の妄想を続けています。楽しくて仕方がないからです。あなたも今晩から、すぐにはじめてみてください。

自分の意識に、リセットされた新しい価値観、自分自身の価値観を、刷り込んでいくための大事な儀式です。

次の3ヶ月で幸運度レベルをアップ

肌の再生周期は28日＝4週間と言われています。爪は約半年で、まったく新しくなります。髪は1ヶ月に約1・3㎝伸びるため、ショートヘアの人だったら半年で全部入れ替わることになります。

つまり、人間は半年経ったら、見た目は同じでも、まったく別のもので構成されている、ということです。

人間の身体が、半年で総取り替えされるようにできているならば、内面についても、半年あれば入れ替えられるはずです。

前項で、最初の3ヶ月間（14週間）で、今まで勝手に常識だと思い込んでいたことをいったんリセットし、新しい自分自身の価値観を刷り込んでいく作業をご紹介しました。

次の3ヶ月間（14週間）は、それが自然に身についたかどうかをテストする期間です。

つまり、幸運体質になっているかどうかをたしかめていきましょう。

そして、まだ完全に自分のものになっていない習慣を、意識的に強化していきます。

私の場合だったら、子どもの頃に「遊んでいる暇があったら、家事を手伝いなさい」と、毎日言われていたため、大人になってからも、何となく「遊んでいると叱られる」という強迫観念がありました。

そのため、本当はすごく遊びたかったのに、「掃除をしてから遊ぼう」「テストが終ったら遊ぼう」「大学に受かってから遊ぼう」と、無意識に先延ばしをしてしまい、とうとう女子大生の期間まで、医学部を再受験するという目標を立てて、合コンもサークルも経験することなく、図書館で受験勉強をしてすごしました。

遊んではいけないという思い込みをリセットしようと決意したのは、大学を卒業した後のことです。そのため、最初の14週間で「月に1日は、何もしないで思いっきり遊ぶ」などの言葉を、書いたり口にしていました。

このように、次の14週で、わざと思いっきり遊ぶ予定を入れてみます。

その結果、楽しいと思えず不安になったり、罪悪感を感じてしまうようなら、まだ他人の価値観がリセットされていないということなので、もう一度最初からやり直すのです。

私は最初のうち、遊んでいてもやり残した家事や勉強が気になってソワソワしてしまい、どうしても心から楽しむことができませんでした。

しかし、それは無理矢理、楽しいと思えない遊びをしていたせいでした。

心の底から、やりたいと思ったことだけをするようにしたところ、ソワソワする気持ちはなくなりました。

また、「ダラダラとずっと遊んでいるわけではなく、決まった時間だけ、何もかも忘れて遊んでいるのだから、何も悪いことはない。誰に文句を言われることもないし、怒られることもない」と、何度も言葉に出したお陰で、自分自身に、「遊んでもいい」という許可を与えることができるようになりました。言葉に出して、音として自分の耳に入れることはとても重要です。

「仕事は、生活のために仕方なくやっている」という思い込みがある人は、仕事を楽しくする工夫をしましょう。

今やっている仕事を、嫌々ではなく心から楽しんでいくためには、苦手だと思っていることや何となく嫌な理由を取り去ってみればいいのです。

たとえば、人に物を売るのに抵抗感がある人は、フリーマーケットやヤフーオークションで何かを売ってみて、自分がどう感じるかを、客観的に観察してください。

何をやってもうまくいかないと思い込んでいる人は、絶対にうまくいくような小さなことを目標として書き出してみて、それがうまくいったということを自覚する習慣をつけましょう。

ふだん私は、副業でアフィリエイト収入を得る方法を教えているため、「毎日、仕事から帰ると疲れてしまい、ついテレビを見ながら寝てしまいます。何て自分はダメなんだ、と思う」というような相談を、たびたび受けることがあります。

そういった方には、通勤時間に本を読むとか、ポッドキャストを聴くとか、何かひとつ、10分でできることをがんばってやってみてください、とアドバイスしています。

家に帰ったら寝てしまうわけですが、通勤途中はテレビもないし、他に優先してしなければならないこともありません。ここで、スキルアップをしたという満足感と自信が得られたら、次のステップに進むことができるからです。

最初の一歩が肝心です。

1回できたという実績を作ってしまえば、後はトントン拍子に変わっていくことができるのです。14週×2回で、何をやってもうまくいくスーパーマンになりましょう。

常識や他人に刷り込まれた制限をはずしたら、もう何でもやりたい放題です。

今までかかっていた制限をすべて解除して、やりたいと思ったことは何でも今すぐチャレンジしていきましょう。

自分の夢を実現するための「設計図」を描こう

小学生の頃から、「自分だけの安住の家」がほしいと思っていた私は、お気に入りのノートに、雑誌の切り抜きを貼ったり、理想の間取り図やイラストを書いたりしていました。そのノートを開くときは、最高に幸せな気持ちになりました。暇さえあれば私は、そこに新しい間取りを書き足して、1人でニンマリとしていました。

これがあったからこそ、年を重ねていっても自分が一番したいこと、願い、幸せがブレることもなく、早い段階で、「家を買う」という夢が4回も実現したのだと思っています。しかも、いずれも3～5年で住宅ローンを完済しています。

私は、これを「魔法のノート」と呼んでいました。「このノートに書いたことは全部叶う」と信じながら書いていたのです。

大学生の頃、教育学部だった妹が授業で、雑誌の切り抜きを切り貼りして作るスクラップブックのようなものを作成していました。好きなことをイメージして作るというもので、妹はこれを「コラージュ」と呼んでいました。

私はそれを見て、もうボロボロに擦り切れてしまった魔法のノートを思い出しました。

最近になって、イメージボードとかビジョンボード、ドリームボード、宝地図、ドリームコラージュなどという名前で一般化したようですが、世界中にこれを広めたのは、ロンダ・バーンのベストセラーである『ザ・シークレット』です。

まず欧米で流行し、その後日本に入ってきました。日本では、「引き寄せの法則」と呼ばれています。

呼び方や方法は多少違っていても、目的は同じです。自分の夢に、常にフォーカスできる環境づくりが大事、ということなのです。

私は、ノートに思いついたことをどんどん書き足していって、いつも持ち歩くようにしていましたが、妹が大学で習ったのも、その後流行したのも、1枚のボード型のものです。これを、絵のようにいつも目につく壁に貼っておくのです。そのほうが無意識に目につきやすい、ということなのでしょう。

ボードであれノートであれ、何度も目につくようにしておいて、自分が本当は何をしたかったのかに意識を引き戻すことが目的です。

人は、意識の向いていることしか認識できないからです。

自分の夢や希望に意識を向けていれば、それに必要な情報や出会いが自然と訪れ、やがて夢は実現することになります。

だから誰かが、「そんな夢は決して叶わない」「馬鹿げたことを考えていないで、現実を見ろ」と言っても、まったく気にする必要などないのです。

『トム・ソーヤーの冒険』の作者であるマーク・トウェインも、「人の大望を鼻であしらう人間とはつき合わぬことだ。それが小人の常だから」と言っています。

私は子どもの頃、よく大人たちから、「夢見る夢子ちゃん」と呼ばれていました。まるで、夢を見ることが悪いことでもあるかのように、蔑んだ目で見られることもしばしばでした。

しかし、まわりの大人が私に諭したように、「普通に短大に入って上場企業に勤めて、25歳で普通に結婚退職し、2人の子どもを産んで専業主婦になること」が、自分にとっての幸せだとは、どうしても思えませんでした。

大人の言うことを聞かないので、「素直じゃない」「ひねくれた子」「協調性がない」などと言われてきましたが、今では反発して生きてきてよかったと思っています。みんなと同じではないから幸運体質なのだ、と自分自身で納得しています。

子どもの頃は、「こうなりたい」と強く思っていたはずの人でも、年を重ねるにつれて、まわりの影響や刷り込みで自分自身の感情に蓋をしてしまい、自分が何を望んでいたのかさえ忘れてしまう、そんな例は、数限りなく見てきました。

「すぐそばにチャンスがあるよ！」と言っても、それを見ようともしない人たちです。

誰だって最初は、さまざまな夢を持っていたはずです。しかし、いざ社会に出ると、それを忘れてしまいます。

だから、大切な夢を忘れてしまわないように、魔法のノートは、ぜひとも必要なのです。

自分がどうしたいかを絶対に忘れないために、好きなこと、やりたいことをどんどんそのノートに書いていきましょう。

人間の脳は絵を認識しやすいため、文字で書くだけよりも、雑誌の切り抜きのようにイメージで捉えられるもののほうが、より強烈に意識を引き戻してくれます。

ですから、絵心があれば絵を描いてもいいし、どこかでピンとくる風景があれば、写真を撮って貼ってもいいでしょう。

夢は、最初は漠然としています。けれども、ノートやボードに、「あっ、これいいな！」と思うことをどんどん足していくと、いつの間にか壮大な夢が完成し、しかもいつの間にかその夢は叶ってしまうのです。

あなたも今すぐ、魔法のノートを書きはじめてください。

そして夢が叶ったら、ぜひ私にも教えてください。

本書を読んでくださったすべての方が幸運体質に生まれ変わり、これから先の一生、笑って暮らしていくことができますように。

おわりに

私が自宅で、心臓病の双子を育てながら、なぜ「億」というお金を稼ぎ続けることができるのか、多くの方が知りたいと思われるようで、大学生から専業主婦、起業家や定年退職者など老若男女問わず、たくさんの方が相談に来られます。

「億なんて、大それたことは言いません。月に後5万円でいいんです」

という方から、

「月収5000万円も可能なら、ぜひやりたいのですが……」

という方までさまざまです。

しかし、自宅でお金を稼ぐ方法は、時代によって移り変わるため、今やっていることが、10年後も続けられるかというと、そうではありません。

現に私も、時代に即したさまざまな方法で、20年間フリーランス収入を得てきました。

ですから、お金に直結するノウハウを教わることそのものよりも、そのスキルを習得しながら、何をやってもうまくいく幸運体質の考え方を身につけることのほうがずっと大事なのです。

自分の夢を実現するのに適した方法を見つけたときに、それを見逃すことなく気づいて、確実に実行できる自分になることができれば、この先何があっても幸せに生きていくことができるからです。

また、もうひとつ大事なのが、お金に対する自分自身の気持ちです。

幸せになるためにお金は必須ではありませんが、お金がなくて不幸だと思っている人は多いという事実を考えると、お金は、ないよりあったほうがいいし、自分を養えるだけのお金を、自力で稼げる状態をキープすることで、よけいなストレスや不幸を遠ざけることができるのです。

幸運体質な人は、自立しています。

自立している人とは、自力で自分の食い扶持を稼いでいる人なのです。

だから、幸運体質とお金には、密接なつながりがあります。

何千億円も持っていなくても幸せになることはできますが、毎月の収入が20万円以下だったら、暮らしていくのがやっとで、幸せになるためにお金を使う余力は残りません。

こうした理由から私は、副収入が得られるインターネットスキルを教えると同時に、幸運体質になるためのカタボリック手帳を開発し、レッスンを行なっているのです。

経済的にも精神的にも自立した大人が増え、子どもたちが壮大な夢を語れる世界になればいいな、と思います。

この本が、あなたの「幸運体質」を引き出すきっかけになれば、これほどうれしいことはありません。

最後に、今回の出版の機会を与えていただき、多大な手助けをいただいた、同文舘出版株式会社の古市達彦氏と津川雅代氏に、心からお礼を申し上げます。

2012年1月　吉日

高嶋　美里

【著者略歴】
高嶋 美里（たかしま　みさと）

早稲田大学理工学部数学科卒業後、就職せずに予備校講師やカルチャーセンター講師、WEBデザイナーなど、フリーランスで常に月収100万円以上の収入を得ていたが、2003年の双子出産を機に、育児と仕事の両立の難しさを知る。育児中に、クライアントのある仕事は難しいことを身をもって知り、インターネットが子育て中の主婦の突破口になるのではないかと模索する中、2005年、携帯アフィリエイトで、あっという間に在宅年収1000万円以上を稼ぎ出す。双子が3歳のとき、自宅でできる携帯アフィリエイト関連事業で会社を設立。育児の傍ら、自宅でパソコン一台、初年度から年商2億円を達成した。その後、3年間で1000人以上に、自宅で月10万円稼げるインターネット活用術を教え、平均副業月収10万円を稼がせ、うち12%は在宅月収100万円以上となる。

現在も、通勤時間ゼロ、人件費ゼロ、仕入ゼロ、パソコン1台で、本業より稼げるノウハウを教えるオンラインスクール「シビス」の学長として、社長から専業主婦、また17歳から73歳の老若男女幅広い受講生に結果を出させながら、自身も6年連続、自宅で億単位の売上げをキープしている。

著書として、『告白します。私は夫に内緒で2億円稼ぎました』がある。

蝶乃舞はペンネーム。

シビス公式サイト　http://www.cibs.jp/
モバイル SEO 倶楽部　http://www.seomobile.jp/
ブログ　http://ameblo.jp/takashimamisato/

ポッドキャストラジオ
高嶋美里の「今すぐやれ！」今日から私も幸運体質
http://itunes.apple.com/jp/podcast/id434721662

「今すぐ」やれば幸運体質！

平成 24 年 3 月 14 日　初版発行
平成 24 年 4 月 10 日　3 刷発行

著者　高嶋美里

発行者　中島治久

発行所　同文舘出版株式会社
東京都千代田区神田神保町 1-41　〒101-0051
営業（03）3294-1801　編集（03）3294-1802
振替 00100-8-42935　http://www.dobunkan.co.jp

ISBN978-4-495-59671-2
印刷／製本：萩原印刷　Printed in Japan 2012